职业院校教师课堂教学能力
提升培训手册

深圳职业技术大学　组编

清华大学出版社
北京

内容简介

本书基于当前职业教育一线教师教学改革中存在的普遍问题,结合深圳职业技术大学多年形成的教师教学能力提升的系统性实践经验,由国家教学名师团队精心设计,按照职业院校教师的课堂教学能力相关内容和要求,以项目和任务的形式阐述了如何提升职业院校教师的课堂教学能力。

本书共分7个项目:项目1主要让教师了解职业教育,理解职业教育的特点,明晰职业教育的目标;项目2主要让教师认识到作为一名职业教育工作者的使命,了解该如何进行自我定位及如何做好自我发展规划;项目3主要分析教师应具备的课堂教学能力,阐明了一名合格的职业院校教师应具备的教学能力要素;项目4主要聚焦如何提升教师的课程设计能力,如何进行深入的校企合作,如何进行课程的项目化改革;项目5主要针对课堂教学内容,指导教师如何确定教学目标,如何提升课堂教学能力,从而实现高效的教学目标;项目6主要指导教师如何提升课程研究能力,如何围绕自己的课程进行深入持续的研究,并逐步形成系列研究成果;项目7主要围绕教师关注的教师教学能力大赛,指导教师如何参赛并展示自己的教学能力,从而实现"以赛促教",以便全面提升教学水平。

全书结构脉络清晰,内容全面系统,实用性强,可从理念建立、自我规划、提升发展、大胆创新、完美展示等方面全面指导一位教师成长的全过程。本书是职业院校一线教师不可多得的良师益友,也是学校大规模开展教师培训不可或缺的培训指南。

本书封面贴有清华大学出版社防伪标签,无标签者不得销售。

版权所有,侵权必究。举报:010-62782989,beiqinquan@tup.tsinghua.edu.cn。

图书在版编目(CIP)数据

职业院校教师课堂教学能力提升培训手册/深圳职业技术大学组编. —北京:清华大学出版社,2024.3
ISBN 978-7-302-63711-0

Ⅰ.①职… Ⅱ.①深… Ⅲ.①职业教育—教师—教学能力—师资培养—手册 Ⅳ.①G715-62

中国国家版本馆 CIP 数据核字(2023)第 102481 号

责任编辑:张龙卿
封面设计:曾雅菲　徐巧英
责任校对:袁　芳
责任印制:曹婉颖

出版发行:清华大学出版社
　　　　网　　址:https://www.tup.com.cn,https://www.wqxuetang.com
　　　　地　　址:北京清华大学学研大厦 A 座　　邮　编:100084
　　　　社 总 机:010-83470000　　邮　购:010-62786544
　　　　投稿与读者服务:010-62776969,c-service@tup.tsinghua.edu.cn
　　　　质量反馈:010-62772015,zhiliang@tup.tsinghua.edu.cn
　　　　课件下载:https://www.tup.com.cn,010-83470410
印 装 者:三河市天利华印刷装订有限公司
经　　销:全国新华书店
开　　本:185mm×260mm　　印　张:12.25　　字　数:269 千字
版　　次:2024 年 3 月第 1 版　　印　次:2024 年 3 月第 1 次印刷
定　　价:49.00 元

产品编号:101562-01

本册编委

本 册 主 编：刘红燕

本册副主编：池瑞楠

参 编 人 员：谢利娟　王静霞　崔宏巍　王隆杰　范新灿

　　　　　　　汪　治　曹　洁　白　洁　王　瑛

前　言

  2020年9月由教育部等9部门印发的《职业教育提质培优行动计划(2020—2023年)》(以下简称《行动计划》)正式发布,提出要系统推进职业教育"三教"改革,标志着我国职业教育从"大有可为"转向"大有作为",以及提质培优、增值赋能的新阶段。要从根本上提升教学质量,全面提升教师教学能力无疑是达到职业教育提质培优的重要保证,可以说教师队伍存在的不足已经影响了职业教育人才的培养质量,全面提升教师教育教学能力和专业实践能力已经刻不容缓。

  本书正是在上述背景下反复实践、认真凝练的结果,是深圳职业技术大学(简称深职大)在全面提升教师职业能力,加快推进教法改革上做的有价值的尝试和创新,是深职大党委亲自部署,校领导亲自指导,教务处、人事处通力合作,国家名师牵头的名师团队精心设计与实践的结晶,是为全体职业院校师资培养做出的创新与示范。

  全书从职业教育理念的建立开始对大家进行引导,并梳理了职业教育的特征、类型特点和目标;接着分析了职业教育教师的定位和发展路径,以及职业教育课堂教学能力的关键要素;然后围绕课程改革进行了全方位的论述——从课程目标到课程的宏观设计和微观设计,再到教学法和课程研究的指导;最后通过分析教学能力比赛的获奖作品,给出了参赛指导。

  本书系统指引了一位职业教育教师从认识模糊到清楚改革方向,熟悉改革路径,应用改革方法,最后走向大赛舞台展现自我与改革成绩的过程,可以说体现了一位职业教育的教师从懵懵懂懂走向名师的过程。

  本书应时而出。相信这本内容全面系统、问题导向落地实用的书将会成为职业教育一线教师的案头书,可以作为职业院校开展教师培训和教师学习的不可多得的良师益友。

  全书由国家教学名师刘红燕教授进行了整体设计,并与深职大多位资深教授共同完成。编者分工如下:项目1由汪治教授主笔;项目2由谢利娟教授主笔;项目3由池瑞楠教授主笔;项目4由刘红燕教授主笔;项目5由王隆杰教授主笔;项目6由崔宏魏和范新灿两位教授主笔;项目7由王静霞教授携手年轻的省教学比赛一等奖得主白洁、曹洁两位教师主笔,另外团队成员王瑛老师也参与了部分内容的编写。全书由刘红燕和池瑞楠两位教授进行统稿。

  本书编写过程中得到了深圳职业技术大学校领导的大力支持,也得到教务处、人事处等部门多位同事的帮助,在此一并表示衷心的感谢。

  因作者水平有限,本书难免有不足和疏漏之处,恳请广大读者多提宝贵意见。

编　者
2024年1月

前言

目 录

项目 1　了解职业教育：厘清差异，明晰目标 1
　　任务 1-1　了解职业教育的特征 1
　　任务 1-2　理解职业教育类型的时代特性 9
　　任务 1-3　梳理职业教育的目标 17

项目 2　认识职业教育教师：准确定位，促进自我发展 27
　　任务 2-1　认识职业教育教师的使命 27
　　任务 2-2　理解职业教育教师的定位 31
　　任务 2-3　做好个人的职业规划 35
　　任务 2-4　实现自我发展的路径 39

项目 3　分析课堂教学能力：梳理内涵，达到相关要求 45
　　任务 3-1　分析教学能力的内涵 45
　　任务 3-2　讨论学校教师教学能力要求 50
　　任务 3-3　提出提升教学能力的途径 57

项目 4　提升课程设计能力：校企合作，精心设计课程 65
　　任务 4-1　分析及优化专业课程体系 65
　　任务 4-2　做出课程的宏观设计 69
　　任务 4-3　写出课程的微观设计 76

项目 5　提升课堂教学能力：确定目标，实现高效教学 85
　　任务 5-1　确定课堂教学目标 85
　　任务 5-2　设计一次课 92
　　任务 5-3　应用多种教学方法进行教学实践 96
　　任务 5-4　进行教学反思 104
　　任务 5-5　课程资源开发与利用 112

项目 6　培养课程研究能力：确定课程起点，持续做好研究 121
任务 6-1　分析教学与教研的关系 122
任务 6-2　学习撰写教研论文 126
任务 6-3　学习申报教研课题 132
任务 6-4　避免教学研究中常见问题 140

项目 7　展示教学比赛能力：以赛促教，全面提升教学水平 161
任务 7-1　了解教师教学能力比赛 161
任务 7-2　准备参加教师教学能力比赛 166
任务 7-3　完成教师教学能力比赛相关文档 169
任务 7-4　现场展示教师教学能力 175

参考文献 185

项目 1　了解职业教育：厘清差异,明晰目标

> **学习目标**
> 1. 认识职业教育类型的特征与特性。
> 2. 理解与掌握职业教育的教育教学理念。

本项目概要：

本项目主要介绍了职业教育类型的特征与特性,让年轻教师了解职业教育的目的、要求与目标,建立整体的职业教育教学理念。

本项目学习产出：

（1）了解职业教育类型的特征与特性,结合自己的教育经历,比较高等职业教育和普通高等教育二者的区别。

（2）梳理出职业教育的教育教学理念。

 任务 1-1　了解职业教育的特征

学习及了解职业教育的类型及特征,并结合自己的教育经历,谈谈对职业教育特征的理解。

 学习讨论记录。

针对任务进行讨论,寻找完成任务的方法、路径。

 相关学习资料一：习近平总书记近年对职业教育的重要指示

2014年6月23—24日，全国职业教育工作会议召开，习近平总书记就加快职业教育发展做出重要指示，集中反映了习近平总书记的职业教育思想。在发展定位上，习近平总书记强调职业教育是广大青年打开通往成功成才大门的重要途径，肩负着培养多样化人才、传承技术技能、促进就业创业的重要职责，必须高度重视、加快发展；在培养目标上，习近平总书记强调要树立正确人才观，培育和践行社会主义核心价值观，着力提高人才培养质量，弘扬劳动光荣、技能宝贵、创造伟大的时代风尚，营造人人皆可成才、人人尽展其才的良好环境，努力培养数以亿计的高素质劳动者和技术技能人才；在教育模式上，习近平总书记强调要牢牢把握服务发展、促进就业的办学方向，深化体制机制改革，创新各层次各类型职业教育模式，坚持产教融合、校企合作，坚持工学结合、知行合一，引导社会各界特别是行业企业积极支持职业教育，努力建设中国特色职业教育体系；在促进教育公平上，习近平总书记强调要加大对农村地区、民族地区、贫困地区职业教育支持力度，努力让每个人都有人生出彩的机会；在组织和保障上，习近平总书记要求各级党委和政府要把加快发展现代职业教育摆在更加突出的位置，更好地支持和帮助职业教育发展，为实现"两个一百年"奋斗目标和中华民族伟大复兴的中国梦提供坚实人才保障。

2017年，习近平总书记在党的十九大报告中指出：要建设知识型、技能型、创新型劳动者大军，弘扬劳模精神和工匠精神，营造劳动光荣的社会风尚和精益求精的敬业风气。从而指明了新时代职业教育的发展方向。

习近平总书记特别强调推进产教融合，健全德技并修、工学结合的育人机制，源源不断地为各行各业高质量发展培养数以亿计的高素质的技术技能人才,尤其关心让职业院校毕业生在职业发展上具有广阔的上升空间,要求各部门出台有效的教育、财政、税收、金融、土地、投资等政策,要求各行业各企业履行、承担加快发展现代职业教育的职责、任务,为产业数字化、数字产业化培养具有数字化知识结构、数字化动手能力的技术技能人才,建设职业教育和行业企业共创、共培、共赢、共享的命运共同体。

在2021年首次全国职业教育大会召开前夕,习近平总书记再次对职业教育工作做出重要指示并强调,在全面建设社会主义现代化国家新征程中,职业教育前途广阔、大有可为。要坚持党的领导,坚持正确办学方向,坚持立德树人,优化职业教育类型定位,深化产教融合、校企合作,深入推进育人方式、办学模式、管理体制、保障机制改革,稳步发展职业本科教育,建设一批高水平职业院校和专业,推动职普融通,增强职业教育适应性,加快构建现代职业教育体系,培养更多高素质技术技能人才、能工巧匠、大国工匠。各级党委和政府要加大制度创新、政策供给、投入力度,弘扬工匠精神,提高技术技能人才社会地位,为全面建设社会主义现代化国家、实现中华民族伟大复兴的中国梦提供有力人才和技能支撑。

习近平总书记关于职业教育的重要批示为我国职业教育确定了新的工作方针。习近平总书记在深刻阐释职业教育战略定位的基础上,明确提出职业教育"必须高度重视,加快发展"。这既是习近平总书记对我国职业教育事业的科学判断,也是对我国职业教育发展的新要求,体现了新形势下我国职业教育发展工作方针的调整,即由"大力发展"调整为"加快发展"。

 相关学习资料二:职业教育类型的特征

1999年,在韩国召开的"第二届国际技术与职业教育大会"上,教科文组织在正式文件中首次使用了"技术和职业教育与培训"(TVET)的提法。这一称谓得到了联合国教科文组织、国际劳工组织等国际组织的认可。"技术和职业教育与培训"这一概念的使用,标志着国际上已逐步替代了那个与普通教育相对立、与培训相分离的"职业教育"的观念,反映了国际上对大职业教育观念的普遍认同。我国在"职业教育"的提法上面在不同的历史时期曾经有过不同的叫法,2022年5月1日起实施的《中华人民共和国职业教育法》还是采用了"职业教育"的称谓。

1. 职业教育的概念、内涵与类型

2014年《国务院关于加快发展现代职业教育的决定》指出,"现代职业教育是服务经济社会发展需要,面向经济社会发展和生产服务一线,培养高素质劳动者和技术技能人才并促进全体劳动者可持续职业发展的教育类型。"2019年国务院发布的《国家职业教育改革实施方案》中的第一句就是"职业教育与普通教育是两种不同教育类型,具有同等重要地位"。2022年修订并发布的《中华人民共和国职业教育法》中的第三条指出:"职业教育是与普通教育具有同等重要地位的教育类型,是国民教育体系和人力资源开发的重要组成部分,是培养多样化人才、传承技术技能、促进就业创业的重要途径。"在该法律的第二条中首次将职业教育的概念法定化,"职业教育是指为了培养高素质技术技能人才,使受教育者具备从事某种职业或者实现职业发展所需要的职业道德、科学文化与专业知识、技术技能等职业综合素质和行动能力而实施的教育,包括职业学校教育和职业培训"。这个概念包含了以下方面。①目的:培养技术技能人才;②对象和内涵:从事某种职业或者实现职业发展,包含了职前和职后两个阶段,道德、知识、技术技能是内容,强调职业综合素质和职业行动能力;③范畴:包含职业学校教育和职业培训。概念介乎传统狭义职业教育和广义职业教育之间。第十四条是国家建立健全适应经济社会发展需要,产教深度融合,职业学校教育和职业培训并重,职业教育与普通教育相互融通,不同层次职业教育有效贯通,服务全民终身学习的现代职业教育体系。

《中华人民共和国职业教育法》(2022年版)第四条规定了七个要坚持的职业教育实施原则。①基本原则:职业教育必须坚持中国共产党的领导,坚持社会主义办学方向,贯彻国家的教育方针;②育人标准:坚持立德树人、德技并修;③办学模式:坚持产教融合、校企合作;④办学导向:坚持面向市场、促进就业;⑤教学要求:坚持面向实践、强化能力;⑥实施对象:坚持面向人人、因材施教;⑦强调全面发展:"实施职业教育应当弘扬社会主义核心价值观,对受教育者进行思想政治教育和职业道德教育,培育劳模精神、劳动精神、工匠精神,传授科学文化与专业知识,培养技术技能,进行职业指导,全面提高受教育者的素质。"关于职业教育的内容和评价原则为:"实施职业教育应当根据经济社会发展需要,结合职业分类、职业标准、职业发展需求,制订教育标准或者培训方案,实行学历证书及其他学业证书、培训证书、职业资格证书和职业技能等级证书制度。"营造人人努力成才、人人皆可成才、人人尽展其才的良好社会氛围。

2. 职业教育的类型特征

教育部陈子季司长在文章中提出,职业教育是面向市场的就业教育,是面向能力的实践教育,是面向社会的跨界教育,是面向人人的终身教育。职业教育类型的特征归纳综合为"社会性、跨界性、整合性、终身性"四大特征,即"社会化、跨界性、整合律、终身随"。

(1)社会化:职业教育是开放、全纳的教育。

首先,职业教育是社会化的、开放式的办学。黄炎培在《职业教育机构唯一的生命是什么》一文中指出,职业教育"从本质说来就是社会性,从其作用说来就是社会化"。所谓职业教育社会化,就是职业教育机构在办学过程中必须产教融合、校企合作,全面与社会沟通,与时俱进,积极适应社会,服务社会,从而被社会不断接纳、认可乃至支持,因此职业教育一定是面向社会开放办学,社会有什么职业,需要什么专业,需要什么人才,职业教育就满足什么需要。职业院校的专业设置要根据经济、社会发展的需要,新的职业出现不断及时调整变化的;专业的人才培养定位是根据市场、用人单位的要求来动态调整的,专业的人才培养规模是要根据市场的需求灵活变化的;企业要深度融合到专业人才培养的过程,合作开发人才培养方案,合作开发课程和教材,学校的教师与企业的师傅共同参与教学等。同时职业教育需要全社会的力量来兴办。职业学校和行业企业用人单位可以合作开办产业学院,合作办专业,开办订单班;开展现代学徒制、企业新型学徒制、工学交替、半工半读等培养形式,甚至许多的职业学校和大量的职业培训机构就是社会举办的。

其次,职业教育面对的是全纳的教育对象。职业教育的教育对象要面向全社会,扩大到社会全体成员,涵盖全部民众,是全员的、全纳的,而且是面向广大平民。因此无论是刚毕业的学生还是社会的其他各类人员,无论年龄、职业、水平、能力如何,都可以接受职业学历教育或职业培训。职业学校的所有教学活动都要切实从学生的实际情况出发,必须承认学生的个性差异,尊重学生的个性特点,珍视并保护好每个学生的个人理想志趣,坚持专业、课程的选择出于个人的个性特长、爱好、兴趣、家庭需要,要满足学生的学习与就业意愿。通过职业教育或职业培训,促进个性形成与发展,指引生活目标;传递社会文化,培养价值观念;传授生活和工作技能,增强生存能力;教导社会规范,培养社会角色;培养出符合社会要求的社会成员,使其在社会生活,面向某个特定职业就业,承担起特定的责任、权利和义务,最终实现人的社会化。

(2) 跨界性:职业教育是跨越教育性与职业性的教育,跨越了教育与培训的界限。

职业教育是跨界的教育,跨产业与教育之界、学校和企业之界、工作与学习之界、认知与行动之界。

第一,职业教育跨界教育与培训。教育主要是学历教育,是育人的;培训主要是培训上岗技能或考取职业证书的。相对而言,教育是长期的过程,培训是短期的过程。但是职业教育跨越了教育与培训的界限,既需要通过教育育人,也需要通过培训上岗;既有教育性的课程,也有培训性的课程。

第二,职业教育跨界学校与企业。职业教育的办学模式是校企合作,学校里面有工厂、工厂里面有学校,学校里面有师傅,企业里面有教师。校企合作育人、合作培训、合作就业、合作发展。

第三,职业教育跨界课程与岗位。职业教育的专业课程是根据岗位工作任务的需要、完成任务的能力要求开发的,通过课程的学习和训练,学习者可以具备完成岗位工作任务的职业行动能力。

第四,职业教育跨界学习与工作。职业教育横跨了学习与工作,可以一段时间学习,一段时间工作,交替进行;学习的内容主要是工作体系的知识,为完成工作任务学习;工作中积累经验知识和策略的隐性知识,为学习技术原理的显性知识奠定基础,并把所学习的知识应用于职业实践,实现顿悟内化。二者相辅相成。

第五,职业教育跨界学生与学徒。职业教育的学生应该具有学生和学徒的双重身份,在学校学习的时候是学生,在企业实习工作的时候是学徒,需要在学生和学徒的身份之间不断地转换。目前我国在推行中国特色学徒制。

第六,职业教育跨界教师与工程师。职业教育的教师要求是"双师型",既是讲师,又是工程师;既能在教室里讲课,也能在车间里工作;既能进行技术理论研究,也能开展技术研发并从事技术实践应用。企业的技术、管理人员也可以成为学校的任课教师,校企双方可以互相兼职,互评技术职称。

（3）整合律：职业教育是整合的教育生态系统。

对于职业教育来说，整合就是将职业教育的要素、构件等重新组合，使之形成符合职业教育发展要求的新的功能整体，是职业教育的根基所在、方法所系、特色所凭。

第一，整合了多种学科的理论。张健认为整合是高等职业教育的逻辑起点、核心范式和应有的思维方式；系统论是高等职业教育整合的哲学根基，创新论是高等职业教育整合的价值依归，职业教育社会学是高等职业教育整合的外部机制，认知结构理论是高等职业教育整合的心理学基础，多元智能理论是高等职业教育整合的人才观基础。

第二，整合了多种办学主体。职业学校的办学模式是产教融合、校企合作，因此职业教育需要跨越学校与企业分割的桎梏，通过合作办学、联合办学、现代学徒制、股份制、混合所有制多种方式。今后会有越来越多的职业院校是学校和企业共同举办，直至由企业举办职业学校。也就是说，通过整合多方资源举办职业学校。

第三，整合了学历教育与岗位培训。职业教育主要是按照岗位工作任务、职业能力要求来开设实施课程，是为生产、建设、管理、服务第一线培养技术技能型人才，并实行"1+X 证书"制度。因此，职业学历教育既有教育的含量也有培训的成分，所以要跨越教育与培训形态的割裂，由此必须关注育训结合、德技并修，实现教育与培训的整合。

第四，整合了职业性与技术性。职业教育的专业主要是依据职业的需要设置与调整的，为社会培养技术技能型人才，职业教育不仅是与职业结合的专业教育，也是与技术结合的专业教育，也就是说在专业教育中需要更加体现出职业性和技术性，培养职业精神和职业行动能力、技术思维与技术实践能力。只是在职业教育不同的层次，二者的比重不同，以满足职业工作的需要。

第五，整合了课程和岗位。职业教育的课程体系是工作体系的，要通过行业企业调查，了解岗位的工作任务及能力要求，按照工作领域的需要，跨专业领域整合课程，形成职业化的课程体系。职业教育的课程一般是综合性的课程，而综合性的课程就是要按照岗位工作任务的要求，把工作对象、工具设备、工艺（业务）流程、工作组织、工作环境整合在一起，按照工作过程以及小组学习方式进行组织。职业教育课程的实施，既要强调形成性的过程，也要注重终结性的结果，所以考核评价需要把形成性的过程成绩和终结性结果成绩整合在一起，需要整合教师评价、学生自评与互评、小组评价、企业评价于一体。

第六，整合了知识和职业能力。职业教育学习的内容主要是工作体系的职业知识和技术技能，学生要能够完成实际的岗位工作任务和解决实践问题。而完成工作任务和解决实践问题，往往需要的是应用多领域的必须够用的科学知识、技术知识和职业知识。因此，学习的内容必须整合知识、技能、素养，培养的职业行动能力必须整合专业能力、方法能力和社会能力，还要实现学习规律与工作规律的整合，以技术实践知识为基础来学习技术原理知识。

第七，整合了教师的多种能力。从事职业教育的教师，既要具备教学能力，又要具备实践能力；既能搞好教学工作，也能够解决生产实践问题；既能够在教学中讲授技术理论知识，也能够开展项目化教学，指导学生技术实践应用、完成操作训练；既能够指导学生学习，又能够指导学生职业生涯规划和就业。所以职业教育的教师要具有经过整合的多维能力。此外，还需要整合课程的教学团队，整合专兼职教师，按模块共同完成课程的教学任务。

第八，整合了多种教育资源。职业教育涉及学校、企业、社会和政府，要办好职业教育，就必须把学校、企业、社会和政府的各种职业教育资源以各种方式整合起来，以协同发挥好各自的作用。如需要把学校、企业、社会和政府的设备、教学平台、实训实习基地资源整合；需要把学校、企业、社会的课程（包括线上课程）、教材、其他各类学习资源整合；把学校的实景学习环境、社会在线的虚拟学习环境、VR和AR等学习环境整合，来开展教学活动。

（4）终身随：职业教育贯穿人的一生，与人的发展关系密切。

职业教育法规定，国家建立健全服务全民终身学习的现代职业教育体系。

第一，启蒙时代的职业教育。每个人的一生都要从事职业工作，因此从幼儿、儿童到少年都应该不断地要接受职业启蒙教育，以初步地认识职业，了解自己的职业倾向与特征。这种职业启蒙教育发生在家庭、幼儿园和基础教育阶段；主要是通过非正式课程和少量的正式课程进行的。正如陶行知先生所说，社会即学校，生活即教育。

第二，青少年时期的正规专业教育与培训。在步入社会职场职业工作之前，青少年需要接受正规的专业(职业)教育或职业培训，为自己的职业生涯奠定基础。这种正规的专业(职业)教育或职业培训主要是在正规的学校或培训机构中进行。

第三，工作适龄期间的继续职业教育。人们在步入职场后，由于职业岗位的出现与消亡，岗位工作的内容、方式随着社会发展与科技进步的变化，以及个人自我实现的需要，需不断接受继续教育。这样的继续教育可以是学历教育，而学历教育中的主体则是职业教育；更多的则是形式多样的、各类正式或非正式的、反复持续的职业培训。

职业教育是培养技术技能型人才，人才的成长是从新生、生手、熟手、能手、高手到专家。但是技术技能型人才的成长不是从中职、高职、职业教育本科、专业硕士、专业博士连续读书学习实现的，而是需要通过做大量的实际工作并不断积累丰富的实践经验而成长的，因此从新手到专家可能需要几十年的磨炼，遵循学习、实践、再学习、再实践的成长发展过程来实现。

第四，退休后的继续教育。随着人的寿命的延长，老年继续教育日益成为老年人晚年生活的重要组成部分，在满足老年人完善自我、服务社会的现实需求的同时，起到了提高老年人综合素质、提升思想境界、展现人生价值、激发社会活力、促进社会稳定的多重功效。退休以后的老人，由于有了大量的闲暇时间，可以通过技能培训学习诸如书法、绘画、舞蹈、歌咏、器乐、摄影、太极、养生、护理、园艺、厨艺方面的技艺，也可以通过短期继续教育学习历史、文学、诗歌、文化、社会等方面的知识，以丰富自己的晚年生活。这样的继续教育主要是通过老年大学、开放大学、社区学院、在线开放课程平台，以及文化馆、图书馆、体育健身中心、社区等途径来实现，形式可以是正式的，更多的是非正式的；时间可短，也可能延续很多年。

学习记录。

练一练：

（1）查阅相关资料，了解职业教育发展的脉络，特别是高等职业教育，画出发展阶段图。

（2）结合职业教育类型的特征及自己的教育经历，谈一谈你对职业教育的理解。

请把完成的练习内容写在下面横线上。

项目1 了解职业教育：厘清差异，明晰目标

| |
| |
| |
| |
| |

 任务 1-2　理解职业教育类型的时代特性

理解职业教育类型的时代特性及其启示，并结合自己的教育经历，谈谈普通高等教育和高等职业教育的差异。

 学习讨论记录。

| 针对任务进行讨论，寻找完成任务的方法、路径。 |
| |
| |
| |
| |
| |
| |
| |
| |
| |

9

相关学习资料：职业教育类型的时代特性及其启示

1. 职业教育的功能特性及其启示

（1）职业教育为区域社会经济发展服务，以服务发展为宗旨，以促进就业为导向。职业教育与经济社会发展的联系十分紧密，二者之间是相互促进、共同发展的共赢关系。职业学校以具有地方区域性、服务发展为宗旨，主要是为当地区域经济社会发展服务的，就是直接服务学习者和具体的用人单位，地方经济社会的发展催生和壮大了当地的职业教育，职业学校的发展和壮大又极大地促进了地方区域经济社会的进一步发展或行业的发展。

以促进就业为导向，就是要以直接学习者就业需求和具体用人单位的用人需求为导向，因此职业院校办什么专业、专业人才培养的定位，都需要紧密结合当地区域社会经济发展的需要。"以促进就业为导向"，在过去、今天还是将来，都是职业教育始终要坚持的一个原则，这是由学生和家长的需求所决定的，也是由国家和社会的期望所确定的，更是由职业教育发展的本质和社会现实所决定的。

（2）职业教育是全纳教育，也是服务于每个人的终身发展。在我国职业教育是平民教育，更加关注人人成才，促进人人的发展，因此职业教育是达成教育、发展教育。新时代高等教育已经进入普及化阶段，职业教育的生源是全纳的，无论什么人，不管什么年龄、什么身份、什么时候，都可以终身接受职业教育和职业培训。

因此职业院校既要提供全日制教育，也要提供非全日制教育和职业培训，做到"育训并重"；既要关注并满足所有学习者多样化的学习需求，也要提供选择的机会，提供适合他们发展的方式与途径，实施扬长教育，满足每个学习者个性化的学习需要。

2. 职业教育的培养特性及其启示

（1）职业教育培养技术技能型人才。2014年《国务院关于加快发展现代职业教育的决定》中明确规定了职业教育是培养技术技能型人才，习近平总书记指示要培养能工巧匠和大国工匠。但是技术技能型人才工作的内容、方式及发展的路径上与普通教育是不同的。普通高等教育主要培养学术型、研究型人才，尤其是对于从事基础理论研究的人才，需要进行不间断的学习、教育、培养，如本科、硕士、博士、博士后的连续进行，并且有可能在二三十岁就达到世界顶级科研前沿水平。职业教育培养的技术技能型人才，无论是中职、高职、职业教育本科毕业生，还是专业硕士、专业博士的成长，都是从新生、生手、熟手、能手、高手到专家，是需要通过做大量的实际工作，才能在实践中不断积累丰富的经验，此过程可能需要几十年的磨炼，遵循实践、认识、再实践、再认识的成长发展过程来实现。

因此需要建立完整的现代职业教育体系，但是各级的职业院校又不能够像普通教育那样办成升学教育，应坚持就业导向，并且在人们有继续学习需求的时候，为他们提供继续学习的条件和各种学习方式与途径。

（2）职业院校差异化的专业人才培养定位。当今我国不同地域，社会、经济、产业发展、技术水平情况千差万别，此外不同地域学校学生的学习意愿与就业意愿也是有很大不同的，所以不同地域职业院校甚至是同一地域的职业院校的同一个专业的人才培养定位是应该有所差异的,可以面向不同的行业、针对不同类型的企业来定位不同的岗位,培养的规格应该是多样化的。

这就要求职业院校的每个专业一定要结合区域实际和学生就业的意愿,找准专业的人才培养定位,既符合实然的需要,又体现出自己的定位特色。

(3) 职业教育实行"产教融合、校企合作、工学结合、知行合一"。习近平总书记指示职业教育要坚持"产教融合、校企合作、工学结合、知行合一"。也就是在宏观社会层面,职业教育要与产业有机融合,实行产教融合的教育模式,实现相互促进、共生共荣。在中观学校、专业层面,办学要实行与企业深度校企合作的办学模式,合作招生、合作育人、合作发展、合作就业。在微观课程、教学层面,人才培养要实现学习与工作有效结合的工学结合人才培养模式,教学过程与生产过程对接,课程学习的内容就是工作的要求。在学习者学习层面,学习是知行合一的学习模式,学习者是在行动中学习和为了行动而学习。因此,职业教育需要政府、社会企事业单位、学校、专业、学习者既相互协同,又各自努力做好自己的事情。

(4) 职业教育实行 1+X 证书制度。《国家职业教育改革实施方案》中提出,职业教育实行 1+X 证书制度,这里的"1"代表学历证书、"X"代表若干职业技能等级证书,在此基础上形成国家职业资历框架,建立学分银行。1+X 证书制度是我国职业教育的一项制度创新,因此职业院校要积极创造条件,为学习者提供多种多样的含金量高、价值大的职业技能等级证书的教学与培训,拓展和提升就业创业本领,培养复合型的技术技能人才。

3. 职业教育的教育教学特性及其启示

(1) 职业教育的课程体系是按照工作体系构建。职业教育是使人与职业相结合的教育过程,因此课程体系是根据专业人才培养的工作领域的定位,按照岗位工作任务的内容和职业能力的要求来开设课程。所以,职业教育的课程需要依据工作任务和职业能力的要求来设置,是经过整合的综合化课程,要具有职业性、实践性、针对性和实用性。

(2) 职业教育学习的内容主要是职业知识和技术知识。职业知识是关于职业工作的知识,主要包括职业规范和职业素质、完成具体职业工作任务相关联的过程性知识、程序性知识等,一般与岗位工作任务关联。技术知识既包括显性的技术理论知识,也包括隐性技术实践知识。技术知识的目的是改造客观世界,主要回答做什么、怎么做的问题,其最终成果的表现形式通常是一系列规则、程序和手段的确立。技术知识以培养学生技术操作能力、技术思维能力、技术伦理意识、技术审美情趣为个体成长性目标,实现学生"技术领域"的完整性成长。由此,我们必须按照职业知识和技术知识的学习规律来组织教学,同时要按照专业的特点和培养的层次分配好职业知识和技术知识学习的比例。

(3) 职业教育的基本教学规律是做中学。职业教育是培养学生能够解决职业岗位工作中的实践性问题。因此,职业教育的基本教学规律就是"做中学",即做是学和教的基础,做是学和教的方向,做是学和教的目标,"做中学"的基本逻辑是"以做定学,以学定教,做学教一体化",培养学生的技术实践能力。为此,就需要提供真实的职业情境,按照任务、项目以做中学的方式来组织教学。

高等职业院校的教学模式是教师主导、学生主体，以学生为中心，以自主学习活动为中心，做中学，教、学、做一体化。主要采用的课程模式包括问题中心模式、体验中心模式、项目中心模式、工作过程中心模式、实训中心模式、培训中心模式。学习主要采用行为引导型学习方式，如参与式、情境式、模拟式、角色式、讨论式、探究式等，学生以团队合作的形式，在做中开放、动态、创造性地学习。

（4）职业教育的教学实施体系是实践为始。技术实践知识主要是"是什么、如何做"的知其然的经验知识和怎么做更好的策略知识，技术理论知识则主要是"为什么"的知其所以然的知识，所以技术实践知识是学习技术理论知识的基础，因为只有知其然，才能更好地促进知其所以然。因此无论是从整个课程体系还是具体课程的教学过程，都需要遵循实践、理论、再实践、再理论的教学体系，由实践为始。先通过体验学习隐性的经验知识和策略知识，形成感性的经验基础与初步的技能；再进行显性的技术理论知识学习以及一定的科学知识的学习，形成技术概念；然后开展运用技术理论知识以及初步的技能解决工作实践问题，实现顿悟内化，掌握技术，形成技能。让学生先感知其然，再认知其所以然，最后应用指导实然。

同时，职业教育的教学要从形象的具体事例到抽象的概念模型；从具体的业务、工艺流程的学习到一般的行动、工作过程的学习；从运用完成工作的手段、工具的使用到解决基础问题的程序、方法的掌握。即学生的学习是感性具体—理性抽象—思维具体—顿悟建构—知识内化的过程。

（5）职业教育多元化的评价内容与方式。职业教育的评价是达成性评价而非比较性评价，课程考核评价的目的不应是甄别和选拔学生，而是促进学生的发展，促进学生潜能、个性、创造性的发挥，使每个学生具有自信心和持续发展的能力，实现人人成才、个个出彩。

为了贯彻落实中共中央、国务院印发的《深化新时代教育评价改革总体方案》，对职业院校的学生学习评价应该做到以下几个方面。①考核主体多元化，包括教师、学生、同学、企业。②考核功能多元化，具有诊断功能、导向功能、调节功能、激励功能。③考核内容多元化，把考核评价学生所掌握的知识和考核评价运用知识解决实际工作问题的能力紧密结合；把考核评价技能熟练程度与考核评价职业素养紧密结合；把过程性训练和终结性成果紧密结合；把专业能力、方法能力、社会能力紧密结合。④考核形式多元化，定性考核与定量考核有机结合；客观考核与主观考核有机结合；笔试、口试、机试有机结合；开卷、闭卷有机结合；形成性过程考核、终结性结果考核有机结合。⑤考核指标多元化，设置条件性指标、过程性指标、成果性指标等。

4．职业教育的教育教学条件特性及其启示

（1）职业教育办学的社会化。职业教育办学社会化，其一就是社会、行业、企事业单位各行各业都应该积极支持和参与职业教育，形成良好的职业教育的生态环境；其二就是职业院校在办学过程中必须全面与社会沟通，与时俱进，积极适应社会，服务社会。

项目1　了解职业教育：厘清差异，明晰目标

因此职业院校要主动地打开校门融入社会，积极做好产教融合，深入推进校企合作开放办学，开展专业升级和数字化改造，形成良性的体制机制，增强职业教育的社会适应性。

(2) 职业教育教师的双师型。职业学校的教师，不仅要有良好的教学水平，而且更需要具有丰富的实践经验与解决实践问题的能力；不仅可以从事教学，也需要能做培训；不仅要搞科研，更需要开展技术研发、搞技术服务。

所以要引入或培养"双师型"教师，教师要经常下企业、进车间，了解和熟悉企业完成工作任务的工艺、流程与要求，并且自己也能够为企业解决实际问题。同时对教师的评价主要应该侧重在教学水平与教育教学成果、技术研发与社会服务能力、专利成果转化与经济效益等方面，以引导教师的职业发展方向。

(3) 职业教育教学场所的场景化。职业教育要把学习内容与岗位工作对接，教学过程与生产过程对接，这就需要在真实的环境中进行学习和培训，教学场所除了教室，主要是在实训室，还有实习车间、企业工作的场所。因此，职业院校的实训室和实习基地要根据实际工作的场景来建设，形成校中厂和厂中校，让学生更多地在真实的或仿真的职业化具象场景中学习和训练。

(4) 职业教育教材的工作逻辑。职业教育的课程需要体现出工作体系，教材要打破学科体系，需要遵循完成工作任务的逻辑关系来组织内容和顺序。因此职业教育的专业课教材结构上应该是问题、任务、目的、目标、要求、步骤、方法等，形式上应该是活页式、工作手册式的，内容上应该是框图、表格和照片，纯文字的内容要少，以便于开展工作化的学习。

5. 职业教育的教学运行组织特性及其启示

(1) 按专业群开展专业建设与专业教学。目前我们的职业教育，一线工作普遍适于专业群学生交叉就业，学生选报专业普遍具有盲目性，专业规模（学生数量、专任教师数量）普遍偏小，资源投入与建设成效差（重复、低水平投入，利用率低），校企合作各自为政，人才培养的教学运行过程和服务产业链缺乏协同性、灵活性和适应性，学生就业质量不高。基于以上原因，适合组建专业群，以专业群组织开展教学活动，这样可以为学生在专业群内岗位群集职业素养的形成、调整学习的专业、不同专门化领域迁移奠定组织基础，并以规模实现专业群人才培养的协同性、灵活性和适应性。同时可以以专业群来开展校企合作、课程建设、实训室建设、实习基地建设、教学资源建设，减少重复投入，通过共建共享提高实训室及实习基地的使用效率。

(2) 职业教育"宽平台、凝核心、多拓展、活模块"的课程体系框架。为了实行按照专业群组织教学活动，要形成"公共基础平台课程组＋专业群平台课程组＋专业课程组＋专门化领域课程组＋任意选修课"的模块结构，以及科学的学分分配。以高职教育为例，第一学期开设公共基础平台课程组和专业群平台课程组，学习专业群共性要求的实践和理论课程，并可以延续到第二学年；第二学期主要开设专业课程组，学生主要学习本专业的核心课程；第五学期主要学习专门化领域课程组，这组课程主要是上岗培训课程属于限选课，每个学生可以结合自己准备就业的需要，包括希望考取的职业技能等级证书，选择其中的一组课

程学习；第六学期主要是进行岗位实习和完成学业作品；从第一至第六学期都开设任意选修课。

这样的课程体系框架具有"宽平台、凝核心、多拓展、活模块"的特征；课程体系设计具有共同化、并行化、多样化、个性化，以及开放动态性、自主选择性、培养协同性、灵活适应性的特点。使得人才培养实现了：群类需要——学习前段平台课程组打通共享；专业需要——学习中段专业核心课程组各自独立；就业需要——学习末段专门化领域课程组统一通选；兴趣需要——学习全段任意拓展选修课助力爱好特长；社会需要——数量规格动态调整、就业岗位精准对接。人才培养更加符合职业技术教育的规律，更好地满足学生的学习需求和发展与就业的需要，实现了规模化、协同性、适应性。实践证明以上是符合我们国家职业教育类型的课程体系框架。

（3）职业教育复杂、开放、动态、灵活的教学运行组织体系。职业学校每个学期的教学经常涉及实训、参观、实习，岗位操作技能课程需要连续集中安排，项目化课程的实施往往需要涉及小组活动，通常包括调研、论证、制定方案、实施方案、评估成果等环节，另外还有和企业合作开办订单班以及现代学徒制，这些教学活动还经常需要考虑企业的因素而变化，从而具有复杂性和多变性。因此职业学校的教学运行组织体系相比普通学校要复杂得多，学校教学资源的分配必须根据市场的变化、企业的要求、学生的需求不断进行分配调整。教学的组织管理必须具有开放性、灵活性、动态性和适应性的特征。

6．职业教育的高考制度特性及其启示

国家鼓励更多中职学校毕业生、普通高中毕业生和退役军人、退役运动员以及下岗职工、农民工、新型职业农民等接受高等职业教育。不同类型的考生招生考试模式应该不一样。因此职业教育需要实施以"文化素质＋职业技能"为主的多样化考试招生办法，建立健全分类考试、综合评价、多元录取的"职教高考"制度。为职业教育类型构建一个特有的人才选拔评价机制，让职业教育的不同专业能够选出最适合的学生，为每个学生提供适合的教育。

综合上述，我们归纳如下。

（1）树立"培养职业化、标准规范化、规格多样化、成才个性化、数量动态化、过程柔性化"的培养要求。即职业院校培养的人才必须是职业化的人才，具有较好的职业行动能力和职业素养；培养职业化人才和突出技术技能的培养，更加需要培养标准的规范化；同一所学校就是针对同一个专业，也要做到人才培养的规格多样化，以实现每个学生的个性发展和符合社会的多样化需要；学生的学习与成才应该是个性化的，要把学习的选择权和主动权交给学生，满足学生的学习需求和就业需求，调动他们的主观能动性和激发他们的潜能；每个专业培养的人才，从总数量到不同规格的数量，都要根据学生的需求和企业社会的需要及其变化，做到动态一致；在人才培养的过程中，要依据需求的变化、要求的变化，做到及时的反应、柔性的适应。

（2）形成"按需培养、依学设课、校企合作、扬长施教"的培养思路。这是指符合区域

项目1 了解职业教育：厘清差异，明晰目标

经济社会发展的需要,根据用人单位的实际要求、学生的就业需求"按需培养";根据行业、岗位工作任务的需要及学生的学习需求、学生的选择开发、设置课程,即"依学设课";学校和企业要合作办学、合作育人、合作就业、合作发展,需要"校企合作";根据学生的个性、特长、优势,以及学习基础、学习能力和学习特点,个别化、差异化地"扬长施教"。

（3）实施"实践入手、多重循环、工学结合、基学适教"的教学过程。首先让学生自己做,把学生引进到学习的情境中,由"实践入手"展开做中学；通过实践、认识、再实践、再认识的教学过程,开展从做、学、教到教、学、做的"多重循环"；把学习和工作紧密结合,学习过程和生产过程对接、职业技能训练和职业素养融为一体,体现"工学结合"特色；根据课前或课中情况,让学生完成"做"的结果,基于学生学的情况,开展适合学生实际的教学,即"基学适教"。

学习记录。

| |
| |
| |
| |
| |
| |
| |
| |
| |
| |
| |
| |

练一练：

(1) 结合你了解的职业教育类型的时代特性，分析普通高等教育和高等职业教育的差异。

(2) 应如何看待职业教育类型的时代特性？反思你在其中应该怎么去认识和运用。

请把完成的练习内容写在下面横线上。

任务 1-3 梳理职业教育的目标

学习梳理职业教育的目标及"三观",并结合自己的教育经历,谈谈普通高等教育和高等职业教育培养目标的差异,并说明这种差异对于职业教育的教师提出了哪些要求。

 学习讨论记录。

针对任务进行讨论,寻找完成任务的方法、路径。

 相关学习资料一:职业教育的目标

1. 职业教育的目的

职业教育一边连着经济与产业,为社会提供劳动力资源;一边连着老百姓的生活,为广大的青年奠定未来就业的基础,职业教育既是国计,也是民生。黄炎培先生指出,职业教育要"使无业者有业,使有业者乐业"。因此,职业教育的社会功能就是"使人与职业相结合"(孙善学)。

职业教育的目的,就在于根据人的智力结构和智能类型,采取适合的培养模式,发现每个人的价值、激发每个人的潜能、发展每个人的个性,使人人成为有用之才,使国家整体的人力资源素质更强。

现代职业教育的目的主要包含如下特征：立德树人，德技并修；培养读写能力、计算能力、沟通技巧、团队合作、解决问题能力、持续学习能力的核心技能；培养灵活、主动、弹性的，具有良好职业道德、必要文化知识、熟练专业技能的智慧型技能人才；满足每一个学生的发展需要，特别关注学生的生涯发展，包括就业和升学；培养学生的创新精神和创业能力；实现人人成才、个个出彩。

2．职业教育的培养目标

《国务院关于加快发展现代职业教育的决定》指出，职业教育"培养数以亿计的高素质劳动者和技术技能人才"。"技术技能型人才"主要是指掌握技术并能应用操作的人才，是既"会"又"懂"、知行合一的人才。"技术技能型人才"是对职业教育培养人才类型的基本界定。

3．职业教育的办学要求

作为独特教育类型的职业教育，要与经济社会同步规划，要与产业发展同步升级，要与技术进步同步实施。职业教育坚持产教融合、校企合作，坚持工学结合、知行合一，理论与实践对接；在专业设置方面，要紧密服务于地方经济社会发展的需要，做到专业设置与地方产业需求对接；在课程开设方面，课程开发以职业分析为基础，形成以职业行动能力为导向的综合职业能力课程，课程设置与岗位需要对接；在教学内容方面，以技术知识、职业知识的工作过程知识和程序性知识为主体，学习内容与工作内容对接、课程内容与职业标准对接；在教学方式方面，强调行动导向，实施行动导向教学，教学环境强调职业世界的真实性，学习情境与工作情境对接、教学过程与生产过程对接；教学的形式方法方面，实现与学生的学习特点和学习规律对接；在人才培养的成果方面，坚持1+X证书制度，毕业证书与职业证书对接；在教育的沟通方面，实现职业教育与终身教育对接。在教师评价方面，对教师的专业素质要求是"职业实践能力+专业素养"，并且掌握职业教育理论的"双师型"教师；在学生评价方面，要求以学生获得职业胜任能力和职业资格为依据，重行而不唯知；在管理制度方面，要建立起符合职业教育规律与特色的内部与外部管理制度。

 相关学习资料二：职业教育的价值观、人才观和质量观

教育思想是人类对教育这一社会现象所获得的自觉的、系统的、理性的认识，它能够反映出发展变化中的社会对教育提出的新要求。一般而言，人们有什么样的教育观念，就会有什么样的教育。

教育思想体系，包容的范围比较宽广，根本性的思想认识就有教育本质观、教育功能观、教育价值观、教育质量观、人才观、教师观、学生观以及教育发展观等。其中，对于职业院校微观层面最重要的应该是职业教育的价值观、人才观和质量观，这"三观"是确立职业教育活动的目标系统（如办学目标、人才培养目标、课程目标、教学目标等）和活动模式（如办学模式、教学运行模式、人才培养模式、教学模式等）的根本依据。因此，将职业教育价值观、职业教育人才观和职业教育质量观视为微观层面职业教育自身思想体系的核心理念。

1. 职业教育的价值观——立德树人、以人为本,实现个人价值和社会价值的统一

教育价值观是教育价值在人的意识中的反映,是人们关于教育价值的主观判断,是人们对待教育价值的根本观点和态度。

职业教育价值观是职业教育的核心问题,是职业教育发展规律的反映。职业教育价值由本体性内在价值和工具性外在价值构成。本体性内在价值包括职业教育的择业、学业、精业、专业和创业五个方面,工具性外在价值则包括人力资本的投向分流价值、生成价值、调解价值、储存价值和提升价值。[1] 职业教育是与人的生存密切联系的教育活动,不回避职业教育的工具性和功利价值,但职业教育的目的在于关注人的生存、人的生活幸福,并将人的生存与自然、社会、历史和文化联系起来;在于彰显个体价值和尊严,唤醒生命,激扬人的生命活力;在于促进人的发展,不断追求更高的生命境界,提升人的生存质量,诉求人之本真生存。[2] 因此,在职业教育价值取向的确立上,必须坚持本体性内在价值与工具性外在价值的统一。

现在,越来越多的人愿意接受职业教育,但是他们更需要学习与就业和自身发展相关的专业与课程。可是大多数职业院校,在专业设置和人才培养上只注重与社会目标的协调,虽然注重了符合社会经济发展的需要,强调了市场需求,却忽视满足学习者的个人目标,没有高度关注满足自己的最直接的服务对象——学生的需求,没有满足学生的学习意愿(想学什么专业,想学哪些课程,想以怎样的方式学习等)和就业意愿(愿意从事的职业,想做的岗位工作)。而且接受职业教育的学生,常常被社会认为是差学生、笨学生甚至是坏学生,他们承受着来自社会、学校、同学、家庭巨大的心理压力,形成了严重的心理阴影,很少有人倾听他们内心的呼唤和诉求,因此,他们很难有真正表达自身意愿的机会和权利,几乎只能无条件地被动接受与服从。

在中国特色社会主义新时代,立德树人是教育的根本任务,只有坚持立德树人,才能培养德、智、体、美、劳全面发展的社会主义建设者和接班人。学校要坚持"以人为本"的办学理念,以人为本,可简单理解为一切为了人,一切依靠人,为了一切人。就教育整体而言,只有关注人人、服务人人,才能体现以人为本的价值。[3] 因此,职业教育应促进人的整体性发展和长效性发展,还应促进人的持续学习的能力、持续生活的能力和持续工作的能力。[4] 职业教育只有通过面向全体学生又要因材施教的全纳教育,树立以"学"为本的教学价值取向,充分尊重每个学生个体的就业意愿,满足他们的学习要求,并通过自身需要的满足,符合社会的发展需求,来促使学生实现自我价值和社会价值,才能体现出职业教育的价值。习近平总书记提出的"努力让每个人都有人生出彩的机会",成为职业教育新的价值追求。

---

1 周明星.中国职业教育学科发展30年[M].上海:华东师范大学出版社,2009:191.
2 卢洁莹.生存论视角的职业教育价值观研究[D].武汉:华中师范大学博士论文,2008:190.
3 杨金土.以人为本的职业教育价值观[J].教育发展研究,2006(1).
4 周志刚,米靖.当代职业教育价值观的取向[J].宁波城市职业技术学院学报,2010(1).

2．职业教育的人才观——人人有才，人人成才，人人是有用之才

职业教育的人才观是指人们依据社会发展对人才的需要，根据求学者的总体状况，指引明确职业教育人才培养的目标、定位、规格、标准、质量、培养模式等一系列内涵问题的基本观点。人类学家和心理学家普遍认为人的身心发展过程存在着早晚和水平的差异，人的智力潜能巨大，人的智力类型多元，越来越多的人认同加德纳的"多元智力理论"。基于这些方面的认识，我们有足够的理由相信人人有才，即人人都有成才的潜力。社会的不断发展和进步，对人才的需求也日益多元化和多样化。现代的人才观认为：人才是社会需要的各种各样的、能够适应社会的、融于群体的、对社会有用的一切人。即不同类型、不同层次、不同种类、不同规格的人，都应该是人才。科学家、工程师是人才，技师、能工巧匠也是人才；天才、全才、拔尖人才是人才，专才、怪才、偏才和奇才也是人才。社会既需要研究学术型人才、创新型人才、工程开发型人才，也更需要技术技能型人才、能工巧匠和大国工匠、自主创业型人才；不仅需要学术研究型的高级专门人才，也需要各级各类、数以万计的从事生产、建设、管理及服务的应用型、技术型的职业专门人才；既需要精英人才，也需要大众化的人才；我们需要大力弘扬劳动光荣、技能宝贵、创造伟大的时代风尚。习近平总书记指出："树立正确人才观，营造人人皆可成才、人人尽展其才的良好环境，努力培养数以亿计的高素质劳动者和技术技能人才。"因此，"人人都可以成才"努力让每个人都有人生出彩的机会的观念，是职业教育帮助人人成才的出发点和归宿。

目前多数职业院校的新生构成比较复杂，90%来自平民家庭和社会最底层的弱势群体，其中相当部分是中考或高考成绩不够理想的学生，但并不是因为他们智商的低下，也许是身心发育稍微迟缓；也许是主体的智力类型不同，不适应目前的教育方式和教学的方法；也许是因为比较贪玩，不够努力；也许是因为相关家庭、社会生活背景不理想影响了学习；也许是其他原因造成了升学考试的失误；当然更多的是在单一学业评价标准之下无从扬长避短而屡遭学业失败。

职业院校的学生相对于普通中学和普通大学的学生，在生理上、心理上、行为上、能力上和特点上等方面表现得更加复杂、多样和不平衡，即学习的动机、对待学习的态度、学习的现有基础、学习的行为习惯、学习的能力水平、认知的方式方法等方面表现出极大的不同，尤其在心理上、思维上和学习行为上与普通教育的学生相比差距宏大；他们学习准备水平偏低，内因学习动机缺乏，学习目标不明，学习习惯不良，学习动力不足，学习信心不强，特长与特短并存。从学习心理上看，多年的学习成绩不佳以及教师的责备、冷漠，已在这些学生心中深深地积淀了对传统学习方式的厌恶，他们不会学、不想学甚至厌学。但这些都不能表明这类学生的智商有问题，而恰恰在他们当中，许多人在各自某种智力类型上有着超人的潜在能力。

因此，职业教育的功能不是筛选人、淘汰人，我们的目标是培养人，开发人力资源，让更多的学生成为适合于他们自己的技术技能型人才。职业院校和教师面对学业基础参差不齐、个体差异性巨大的学生状况，其责任是及时发现并珍惜存在于他们身上的个性特长和某种智力潜能,充分相信他们的这种潜在力量能够在良好的条件和适宜的环境下被开发出来。人天生都没有不想学习和不愿意学习的,关键是我们能不能为每个人提供他所希望学习的内容,有没有适合他所学习的方式和方法,通过因人施教、扬长施教,完全能够使每一个人成为愿意学习的、合格的、适应社会发展的人。此外,我们不应该强迫他们都要成为我们为他们设定的某类、某种规格的人才,而是他们希望和可能成为什么类、什么规格的人才,我们就为他们创造条件,培养他们成为这样的人才。

职业院校一方面要为每个人创造全面发展、自由发展和充分发展的条件,另一方面也要促进和帮助人人成为"社会人"——合格公民。社会人应有的品质是应该拥有自尊、自信、自立、自强和自觉融入社会的精神,掌握融入社会的本领,自觉接受社会运行规则约束的意识,勇于承担社会的责任。

3. 职业教育的教育质量观——服务、满意、发展的、多样的、整体的质量观

教育质量是教育永恒的主题。国际标准化组织总结质量的不同概念再加以归纳提炼,并逐渐形成人们公认的名词术语,即"质量是一组固有特性满足要求的程度"。这一定义的含义是十分广泛的,既反映了要符合标准的要求,也反映了要满足顾客的需要。依此可知,职业教育质量就是职业教育服务的固有特性满足顾客(学生)需求与意愿的程度。在社会发展和职业教育发展的不同阶段,职业教育的质量和质量标准有着不同的主题。

职业教育质量观是人们基于对于职业教育发展运行机制的认识,根据某种价值取向对职业教育质量所做出的价值判断和选择,包含着对职业教育本质、功能、目的方面综合、理性的认识,以及对职业教育质量所持有的态度和看法。从某种意义来说,职业教育质量观影响职业教育质量,引导职业教育的发展方向。进而言之,有什么样的职业教育质量观,就会有什么样的质量标准,进而就会有什么样的教,怎么样的学,如何样的考,不同样的果,它是职业教育教学的指挥棒。

随着社会的发展和进步,社会对人才需求是多样化的,社会不仅需要学术型研究人才,更需要职业型技术人才;社会对职业型人才的需求,不仅需要中职和高职毕业生,也需要职业本科、专业硕士和专业博士;即使是对职业教育类型同一层次、同一学校的某个专业培养的人才,用人单位具体的需求也是多样化的。因此,社会需要多样化的高等教育。另外,高等教育也必然会发展进入大众化阶段直至普及化阶段,求学者的需求也是多样化的。有些人想多学习基础理论知识和高深学问,另一些人想多学习实用的专门知识;有些人想成为通才,有些人想成为专才;有些人想继续升学,更多的人想尽快就业;有些人想从事学术研究,更多的人想做技术应用;有些人想从事某种职业或某类岗位工作,另一些人想从事另一种职业或另一类岗位工作。由此,高等教育需要一种多样的质量观,不同类型和层次的高等教育应取不同的质量观,不同的高等学校在这不同的质量观中应有不同的选择和侧重,应该有各自的主导质量观。不再是单一的质量标准,不同规格的质量标准依不同目的和不同需求而定。

在高等教育大众化和普及化的时代,高等教育的产出观必须从产品观转变为服务观。

传统的产品观认为,高等教育培养出来的产品就是人才,把高校比作人才培养的工厂、主战场、主阵地,教学的过程即生产的过程,学生既是原材料又是产品。而服务观认为,人才不是高校的产品,高等教育的产出是教育服务,高校提供的是服务消费品,是以教师的备课、教授、辅导、批改作业等一系列循环工作为典型内容的教育服务,其职责是竭尽所能让消费者满意;学生是教育市场的消费者,是教育服务消费的主体,有权选择学校、专业、课程及任课教师等。高等职业教育的质量观必须从绝对的标准观转变为相对的满意观,要看学生是否满意,用人单位是否满意,家长是否满意,社会是否满意,政府是否满意。

我们应该树立发展的、开放的、多样化的、适应性的、特色化的整体质量观。在具体的质量把握与衡量上,应该从规范范式的应然(应该成为什么)转变为实证范式的实然(能够成为什么);从培养技术技能型人才精英转变为立足于人力资源开发;从要求一刀切、"一元化"的标准、规格转变为满足差异化、"多样化"的需要、期望;从重视共性转变为重视个性;从关注现实情况的评价转变为关注发展性评价;从以内部的质量评价为主转变为以外部的质量评价为主。我们应该把毕业生的就业质量数据(就业率、对口就业率、职业期待吻合度、离职率、起薪水平、薪酬增长率等),毕业生对学校、专业、课程的满意度,用人单位对毕业生的工作胜任度和能力素质满意度,作为检验人才培养质量的主要指标。

总之,我们要树立以人(生)为本,人人有才,人人成才,一切以服务学生满意为标准,以培养多样化、个性化人才为目标等现代的职业教育理念。

📝 学习记录。

| |
| |
| |
| |
| |
| |
| |
| |
| |

项目1　了解职业教育：厘清差异，明晰目标

练一练：

结合你了解的职业教育的"三观"，举例说明对你理念的影响，并分析其对你未来教学的影响。

请把完成的练习内容写在下面横线上。

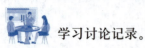 学习讨论记录。

针对任务进行讨论,寻找完成任务的方法、路径。

📋 学习记录。

请把完成的练习内容写在下面横线上。

项目 2　认识职业教育教师：准确定位，促进自我发展

> **学习目标**
>
> 1. 认识职业教育教师的使命。
> 2. 理解职业教育教师的定位。
> 3. 进行职业规划：专注一件事，锲而不舍，必成大师。
> 4. 创造自我价值，实现自我发展路径。

本项目概要：

本项目首先分析了职业教育教师的使命。

在现代教育技术中，职业教育教师角色的内涵变得更加丰富，不局限于"传道、授业、解惑"，在此基础上对职业教育教师这一职业进行了分析，提出职业教育教师应具有的特质。

如何成为一名合格的职业教育教师？可以从个人能力提高、道德修养、教学能力等方面着手让自己成为一名合格的、优秀的职业教育教师。

本项目最后对如何创造自我价值、实现自我价值进行了介绍。

本项目学习产出：

(1) 分析自身与一名合格职业教育教师所具有的品质方面的差距。

(2) 结合本项目介绍的职业规划途径，对自身的职业规划进行设计。

任务 2-1　认识职业教育教师的使命

在学习本任务前，请大家梳理一下你对职业教育教师角色的理解。

在本任务学习完成后，再根据职业教育教师使命，对职业教育教师角色进行总结，分析学习本任务前后自己的理解发生了哪些变化。

学习讨论记录。

针对任务进行讨论，寻找完成任务的方法、路径。

相关学习资料：职业教育教师的使命

在传统的教学过程中，教师严格按照教科书和教学参考中所规定的条条框框，按部就班地对学生进行"传道、授业、解惑"，教师和学生之间是单纯的传递和接受关系。但在现代职业教育技术中，随着教育思想、教学模式、教学方法的变革，也使得职业教育教师角色的内涵变得更加丰富。

1. 职业教育教师既是学生学习的指导者，也是学生自主学习的促进者和平台的搭建者

在传统的教学模式下，教师是课堂的中心，课堂教学采用教师讲、学生听的"灌注式""填鸭式"教学方式，学生处于被动接受的状况，主观能动性根本无法得到体现，很大程度上也制约了学生创新能力的发展。爱因斯坦曾经说过："提出一个问题比解决一个问题更重要。"基于这一观念，职业教育教师在课程的教学过程中应努力调整自己在教学中的位置，让自己从课堂的领导者转型为学生自主汲取知识的平台搭建者。

另外，在现代教育技术条件下，学生可以轻而易举地在互联网上获取各种信息，然而信息并不等于知识,而且在纷繁复杂的信息之中有许多是不利于学生成长的,需要职业教育教师指导学生如何从信息的海洋之中捕捉对自己有益的东西。

2. 职业教育教师是课程教学的创造者与实施者

在教育部颁布的部分学科课程标准中,强调要充分调动教师作为课程主体的积极性和创造性,教师要全方位和主动地介入新课程标准下的教学活动中去,其中包括对课程的研究、开发、设计和实施等一系列活动。这就要求职业教育教师必须对课程内容深入理解,并进行有机整合,完美生成课程教学活动,努力从课程规范的复制者逐渐转变为课程的创造者和实施者。

3. 职业教育教师是学生精神家园的守护者

部分高职大学生认为,作为高职生不论多么努力,将来都是当工人,没有多大发展前途。其实,我们国家最缺少的是"高级蓝领"。据报道,浙江一家企业用年薪70万元从日本请来一名高级技工。前段时间人才市场爆出新闻:"好钳工比研究生还难找。"上海有关部门对60家企业进行调查结果表明:在企业的技术工人中,高级技师的比重仅占0.1%,这种情况与发达国家正好相反。长期以来人民鄙薄高职教育根深蒂固,造成高职大学生内心困惑、迷茫。高职教师有责任大力宣传大国工匠精神,并真诚地了解学生的愿望、兴趣爱好、能力特长、价值追求,通过自己的言传身教去影响和感染学生,让他们体会作为技术型大学生的荣耀,真正实现人生价值。

2019年,在深职大园林专业教师的共同努力下,深圳市城市管理局和深职大签订"联合培养城市工匠的框架协议",对入选精英工匠培养计划的学生,毕业后保证年薪16万元以上,立体化新闻宣传社会对精英工匠的需求,引起极大社会反响,对深职大园林专业学生的学习积极性也起到很大的促进作用。

4. 职业教育教师是科学研究的创新者

高职教育的办学理念虽没有普通高校更注重学术研究,然而,应用研究仍是推动高职教育发展的重要途径。我国物理学家、教育家钱伟长谈到大学教师教学与科研相结合时说:"你不上课,就不是教师;你不搞科研,就不是好教师。教学是必要的要求,不是充分的要求,充分的要求是科研。"

科研反映教师对本学科清楚不清楚。"教学没有科研做底子,就是一个没有观点的教育,没有灵魂的教育。"原华中工学院院长、教育家朱九思早在20世纪70年代末就提出,科学研究要走在教学的前面,科学研究是"源",教学则是"流",科研与教学的关系是"源"与"流"的关系。科学研究实践活动是科学创新的"源头活水"。因此,在21世纪里,大学教师应该冲破传统的"教书匠"的角色,走向科学研究的领域,为社会发展、教育的改革推波助澜。现代先进的技术设备也为大学教师进行科研活动提供了物质基础,网络技术使得科研合作更为便利、快捷。

5. 职业教育教师是学校建设和管理的参与者

教师在岗，不仅仅要做好自己的教学、科研和学生管理工作，对于小到专业，大到学校的建设和管理工作，一样非常重要。学校好才有专业好；专业好，才有教师和学生好，所有的工作都是相辅相成的。所以，作为职业教育教师，应积极参与到学校的各项建设和管理工作中。

6. 职业教育教师是持续发展的终身学习者

学习不只是学生的事情，高职教师也应该成为学习者。因为社会在不断地发展，知识、技术在日新月异地更新。英国技术预测专家詹姆斯·马丁的测算结果表明：人类知识在19世纪是每50年翻一番；20世纪初是每10年翻一番；70年代是每5年翻一番；而80年代则为每3年翻一番。90年代，计算机网络的出现使得知识增长速度进一步加快，据测算，互联网上的数字化信息每12个月就会翻一番。高职教育正面临着前所未有的发展机遇，教师必须适应时代的要求，不断提升自身修养，终身学习。教师以教书育人为天职，理应成为终身学习的先导和倡导者。高职院校"双师型"教师严重缺乏，增加"双师型"教师只靠引进也不现实，通过不断的学习，促进自身向"双师型"教师转化也是高职教师发展的方向。

总之，现代职业教育教师必须找好自己的定位，扮演好自己的角色。教师角色没有固定的模式，角色内涵在创新中形成，在创新中发展。

学习记录。

项目 2　认识职业教育教师：准确定位,促进自我发展

练一练：

结合大家了解的职业教育教师的使命,谈谈自己对于职业教师角色的理解。

 请把完成的练习内容写在下面横线上。

任务 2-2　理解职业教育教师的定位

通过本任务的学习,认识职业教育教师的职业,了解职业教育教师的职业定位和应该具有的特质,并结合自身的特点寻找自身的不足之处。

学习讨论记录。

针对任务进行讨论,寻找完成任务的方法、路径。

 相关学习资料：职业教育教师的定位

教师，以教育为职业。教师的称谓很多：教师——原是宋元时代对地方小学教师的称谓，后专指学生对教师的尊称；先生——历史十分悠久的尊称；教员——我国港、台等地区最流行的称呼；园丁——最质朴无华的褒称；蜡烛——最温馨动人的称谓；慈母——最真情感人的爱称；春蚕——最纯挚的称谓；教练——是指导、训练和督导他人，试图完成某种使命或任务的人；人类灵魂工程师——最富哲理的称谓。

而职业教育教师的角色不只是向学生传授某方面的课本知识，而是要根据学生的发展实际及教育目标、要求，在特定的环境中采用特定的教学方法，通过特定的途径来促进学生成长，职业教育教师这种角色是一种性质复杂的职业角色。一个人成长为职业教育教师需要经过复杂的、长期的学习过程。具体来说，这样的角色性质要求职业教育教师具有以下特质。

1. 职业教育教师必须有符合社会要求的世界观、人生观、价值观

教师职业的最大特点是培养、塑造新一代，教师的品质将直接影响下一代的成长。在职业教育活动过程中，职业教育教师既要把丰富的科学文化知识传授给学生，又要用自己的人格影响及感化学生，使学生身心健康地成长发展。因而职业教育教师必须要有高尚的思想境界，纯洁美好的心灵，正确的世界观、人生观和价值观。在工作中，职业教育教师要认同职业性质，安心教学。职业教育教师必须耐得住寂寞，受得住挫折，将自己的所有精力全身心地投入教学实践中去，正如著名教育家陶行知所说的"捧着一颗心来，不带半根草去"。

项目 2　认识职业教育教师：准确定位,促进自我发展

2. 职业教育教师对学生要有一颗爱心

职业教育教师对学生的爱心应来自对职业教育事业的认同,以及对职业教育事业的强烈事业心和高度责任感。职业教育教师的爱心具有巨大的感召作用和教化力量,应能彻底地化解学生的逆反心理和对抗情绪,最大限度地激发学生的学习主观能动性。在日常教学中,教师就像父母朋友一样,无微不至地关心学生,帮助学生,对差生不嫌弃、不歧视,给他们多一点爱和鼓励,就能极大地激发学生的积极性,使其在学习上有无穷的力量源泉。很多职业教育教师的成功经验都证明了爱的力量的神奇作用。

3. 职业教育教师要不断提升自己各方面的技能

博学多才对一位职业教育教师来说十分重要。因为我们是直接面对学生的职业教育者,学生提出的问题多种多样,而且往往"打破砂锅问到底"。没有广博的知识,就不能很好地解学生之"惑",传为人之"道"。但知识和技能绝不是处于静止状态的,它在不断地丰富和发展,日新月异地发生着量和质的变化。因而,作为师者须让自己的知识和技能处于不断更新的状态,跟上时代发展趋势,不断更新教育观念,改革教学内容和方法,就显得尤为重要。

引用雅斯贝尔斯在《什么是教育》这本书中的一句话:"教育的本质意味着：一棵树摇动另一棵树,一朵云推动另一朵云,一个灵魂唤醒另一个灵魂。"这句话不仅概括了什么是教育,也概括了教师这个职业所要承担的任务。

学习记录。

练一练：

(1) 对于教师职业所应该具有的特质，谈谈自己的认识。

(2) 结合自身谈谈如何让自己更加适应教师这一职业。

请把完成的练习内容写在下面横线上。

项目2 认识职业教育教师：准确定位,促进自我发展

 任务 2-3 做好个人的职业规划

结合自己实际情况及专业能力,并通过向教学经验丰富的教师请教,制订适合自身发展的职业规划。

 学习讨论记录。

针对任务进行讨论,寻找完成任务的方法、路径。

 相关学习资料：进行职业规划——专注一件事,锲而不舍,必成大师

"路漫漫其修远兮,吾将上下而求索""凡事预则立,不预则废"。在真正理解了职业教育教师职业后,还愿意从事职业教育教师工作的,应做好职业教育教师职业生涯规划,少走弯路,多些成功。

职业教育教师要正确认识自己。老子说："知人者智,自知者明。胜人者有力,自胜者强。"可以说,教师职业生涯规划的首要步骤就是认识自我。你不妨常常问自己这样的问题：为什么当教师？愿意当教师吗？想当一个什么样的教师？怎么才能当成这样的教师？职业教育教师制订的职业规划应与学校发展相适应,这不仅有利于教师本人的成长与发展,也为学校的提升与发展提供了有力支持,为此,可从以下几个方面来提升个人能力。

1. 扎实的专业理论基础与较强的实践操作技能的有机结合

高职教育的高等性特征决定了高职教师必须具备扎实的专业理论基础。这一要求主要体现在对学历的较高要求上。教育部颁布的《关于新时期加强高等学校教师队伍建设的意见》（1999）明确提出，到 2005 年我国高职教师中具有研究生学历教师占 30%。这是现代科学技术和社会竞争对高职教师的必然要求，是提高高职教学质量的素质保证。而高职教育的应用性特征，又决定了高职教师必须具备较强的实践操作技能。只有具备相应的专业技术技能，特别是掌握经济社会生产现场的最新技术、最先进的生产工艺、最新标准和最新管理理念，才能胜任职业教育的要求，培养出适合社会需要的高级应用型人才。

2. 高尚的教师职业道德与良好的职业道德的有机结合

职业道德分为两个层次：一是一般职业道德，即作为社会从业人员所应具备的共同职业道德要求；二是行业职业道德，不同的行业有不同的道德要求。作为一名高职教师，一方面，与其他教师一样必须具有高尚的教师职业道德素养，树立正确的世界观、人生观和价值观，具有良好的社会公德，忠诚教育事业，有着较强的组织纪律性和合作精神，掌握所任教师职业岗位直接要求的知识和能力；另一方面，培养应用型人才的目标还必须具有所任教专业相关行业、职业岗位直接要求的良好的职业道德，具备相关的专业知识和技能，以及该行业、职业岗位所要求的行业眼光、知觉能力、思维方式和行为方式，以便能胜任在工作现场指导学生实践时率先垂范示范，对学生进行职业道德教育。

3. 一定的理论研究能力与较强的技术应用能力的有机结合

专业理论研究能力与水平是学校教育教学实力的重要体现，是不断提高教育教学质量的有力保证。高职院校要成为合格的高等教育，立足于高等教育之列，就需要其教师具备一定的专业理论研究能力。同时，高职教育培养高级应用型人才的目标，决定了高职教育的科研工作重点，应放在应用技术的研究和开发上。这就要求高职教师应具备较强的技术应用能力，以在科技成果的推广和转化、生产技术的服务、科学技术的咨询、技术人员的培训等方面发挥应有的作用，从而形成高职教育自身的科研特色。

4. 较强的课堂教学能力与指导学生实践能力的有机结合

具有较深的教育理论知识和较强的执教能力是教师的职业需要。高职教师应具有教育学、心理学、教材教法的专门知识，具有实施专业教学、驾驭教学方法和实现教学创新等方面的课堂教学能力。同时，作为培养技能型应用人才的专业教师，还必须具备把行业职业知识及实践能力融合于教育教学过程的手段，能在现场动手示范，指导学生实践，这样才有利于培养学生的综合职业能力。

5. 技能提升与职称提升并重

青年教师可通过到企业挂职锻炼及承担企业横向应用研究项目等多种途径提升实践技能；通过听取名师授课、教学研究、教学大赛等方法提高教育教学能力，并在工作中不断提升职业素养。当然，在不断提升教师职业素养的同时，还面临职称晋升的现实问题。如深职大教学系列职称评审分为教学为主型和教学研发型两种类型，作为青年教师可以从自身特点出发，规划职称晋升计划，只要你足够优秀，总有一个位置为你而设。

6. 理论研究与技术应用齐抓

作为高职教师教学和科研同等重要，理论研究与技术应用并重。一方面，研究现代教育技术的理论与技术应用，提高教学理论能力、教学设计能力以及教学媒体与教学资源、网络教育应用、新技术的教育应用能力；另一方面，也要把工作重心放在基础理论研究和应用技术研究与开发上，积极申报各类科研项目，开展专业相关领域的基础研究和应用研究，提升科技研发能力，为行业企业解决疑难问题，做一名教学和科研兼能的优秀职业教育教师。

总之，作为高职教师，要耐住寂寞，因为热爱教师这一职业，所以十分专注并锲而不舍，因此必成名师。

学习记录。

练一练：

（1）分析自身的实际情况，正确地认识自己。

（2）针对自身的不足及职业规划，提出实际解决问题的办法。

请把完成的练习内容写在下面横线上。

任务 2-4　实现自我发展的路径

结合自己主讲的课程和教学实践,认识自我价值的获取途径,并在以后的教学过程中积极创造自我价值。

 学习讨论记录。

针对任务进行讨论,寻找完成任务的方法、路径。

 相关学习资料:创造自我价值

高校教师的基本价值构成可大致分为两部分:一部分为教师的社会价值,即能满足社会发展需要的价值;另一部分为满足自身需要时的个人价值,即自我价值。自我价值是指高职教师作为主体,通过创造性的劳动满足个人需要,即对物质生活资料的需要和对个人尊严、自信、人格和知识文化等精神需要的满足。高职教师是知识资本拥有者,由于受教育程度、工作性质、工作方法和工作环境等的特殊性,他们追求自主性、个体化和多样化,关心能力提高与事业发展的机会,并视其为一种实现自我、体现价值的方式。高职教师因其自身的特性而在需求上一般处于较高的层次,他们往往更具有较强的自主意识和独立的价值观,更在意自身价值的实现。

教师自我价值的实现方式包括教师在整个职业生涯中要使专业素质不断进步,注重塑造职业角色与形象。教师的地位、作用与专业特点要求教师要具有较高的专业素质,善于扮演自己的职业角色和具有良好的职业形象。教师的专业素质是教师作为专业人员应该具备的多方面的专业要求,是顺利进行教育活动的前提,也是教师胜任工作的基本条件。教师专业素质的培养包括先进、科学的教育理念,合理的专业知识、复合型的专业能力、崇高的专业道德。

高职院校教师的职业幸福感关系着广大高职教师的身心健康,甚至关系到整个教育事业的成败。高职院校的教师应该从内心充满工作激情,享受工作的乐趣和幸福感。

 学习记录。

项目 2　认识职业教育教师：准确定位，促进自我发展

 练一练：

请结合自身谈谈创造自我价值的途径。

请把完成的练习内容写在下面横线上。

 学习讨论记录。

针对任务进行讨论,寻找完成任务的方法、路径。

项目 2　认识职业教育教师：准确定位,促进自我发展

学习记录。

请把完成的练习内容写在下面横线上。

项目 3 分析课堂教学能力：梳理内涵，达到相关要求

> 学习目标
>
> 1. 分析教学能力的内涵。
> 2. 讨论学校对教师教学能力的要求。
> 3. 提出提升教学能力的途径。

本项目概要：

本项目首先分析了课堂教学能力的内涵，将职业院校教师课堂教学能力分为教学分析、教学设计、教学实施、评价改进和教学研究五项能力，并解读了学校对教师课堂教学能力的三个级别的要求。

在此基础上，提出了年轻教师提升课堂教学能力的几个可行的途径，包括努力上好每一堂课，认真建好主讲课程，主动开展教学研究，积极参加教学比赛等。年轻教师可以参照这些途径，结合自己的教学实际，做好提升自身课堂教学能力的规划，并努力践行，以达到学校对教师课堂教学能力的要求。

本项目学习产出：

（1）分析自身课堂教学能力的一份小报告。
（2）结合本项目介绍的课堂教学能力提升途径，制订提升自身课堂教学能力的计划。

任务 3-1 分析教学能力的内涵

选取自己主讲的一门课程，梳理一下你是怎么做好教学分析、教学设计、教学实施和教学评价的，如何进行教学诊断和改进；针对教学中遇到的问题，确认自己有没有开展有针对性的教学研究。并结合本课程，分析在教学过程中体现了哪些方面的课堂教学能力。

学习讨论记录。

针对任务进行讨论,寻找完成任务的方法、路径。

相关学习资料：课堂教学能力及其内涵

1. 课堂教学能力的概念

通常来说,课堂教学能力是指教师为了顺利开展教学活动及达成教学目标所表现出来的一种行为特征、本领,具体表现为完成一定的教学活动的方式、方法和效率。比如,观察、分析学生学习情况和个性特点的能力,选取和设计教学内容的能力,教学的组织管理能力,课堂沟通交流的能力,等等。教师课堂教学能力的高低直接关系教学效果的好坏,影响人才培养质量的高低,是衡量一名高校教师的重要标准。

在职业院校中,教学的中心地位决定了课堂教学能力的重要性尤为突出。职业院校教师除了掌握教学必需的专业理论知识和应用实践技能之外,还需要具备以下几个方面的课堂教学能力,如图 3-1 所示。

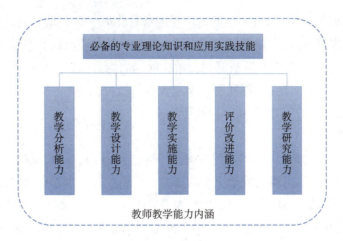

图 3-1 职业院校教师需要具备的课堂教学能力

2．课堂教学能力的内涵

1）教学分析能力

教学分析能力是指教师对教学内容、教材、学生学情等进行客观准确的分析，并确定教学目标和教学重难点的能力。高职院校培养的是符合生产和管理第一线需要、具有较强专业知识技能的复合式创新型高素质技术技能人才，因此高职院校的教学内容必须紧密结合社会和产业发展新业态、新模式，对接职业标准（规范）、职业技能等级标准，结合专业特点，全面推进课程思政建设，有机融入劳动教育、工匠精神、职业道德等内容；同时需要关注学生的知识和技能基础、认知和实践能力、学习特点。教学目标的确定要深入领会专业人才培养方案和课程标准，结合学生实际情况和教学条件进行周密细致的思考。

2）教学设计能力

教学设计能力是指教师综合运用已掌握的专业知识和教学技能，根据课程标准的要求设计课程和单元教学计划的能力。要使学生对课堂内容感兴趣并掌握相关教学能力，教师在上课前必须根据专业人才培养方案和课程标准，通过解构工作过程和重构教学逻辑，整合教学内容、优化教学过程，合理应用技术、方法和资源等组织教育教学，通过与学生的深度有效互动掌握学生的学习情况，设计考核与评价体系，持续开展教学诊断与改进教学。

教学设计能力最直接的体现包括：编写教案，撰写教材，开发教学资源等。

3）教学实施能力

教学实施能力是教师在一般教学情况下有效地实施所设计的教学计划，并根据实际情况控制教学情境的能力。教师要有效组织教学活动，采用合理的教学方法和策略突出教学重点，化解教学难点，注重教学实施的实效性。在教学过程中注重师生、学生之间的深度有效互动，关注教与学全过程的信息采集，并根据反映出的问题及时调整教学策略，充分调动学生学习的主动性和积极性，提高教学质量。要落实"三教"（教师、教材、教法）改革：推进模块化教学、协作式教学创新团队建设，发挥教学团队的示范引领作用；合理使用国家规划教材，积极开发、使用新型活页式、工作手册式教材；引入典型生产案例，基于工作任务进行模块化课程组织与重构,采用强化能力培养的项目化教学等行动导向教学方法。运用人工智能、大数据、虚拟仿真、虚拟现实和增强现实等信息技术手段以及教师规范操作、有效示教,提高学生基于任务(项目)分析问题及解决问题的能力,培育学生的职业精神。

教学实施能力主要包括:组织和管理课堂教学的能力,处理人际关系(师生、同事、家校)的能力,把握信息技术的能力,更新知识技能的能力等。

4)评价改进能力

评价改进能力是指教师在教学过程中收集资料、运用各种手段了解学生学习情况,以判断教学目标是否达成,从而改进教学工作的能力。高职院校通常采用全过程、多元化的考核与评价方法,利用信息化手段全过程采集教与学数据,综合教师评价、学生互评、企业评价等多种评价手段,反映教学过程中出现的问题,判断教师是否达到预定的教学目标,学生是否达到预定的学习目标,及时调整教学内容和策略,持续开展教学诊断与改进教学。

评价改进能力通常包括:设定评价目标和标准的能力,选择评价方法和收集评价资料的能力,反馈和矫正的能力。

上面四种教学能力是开展正常课堂教学活动所必需的,它们在整个教学过程中的关系如图3-2所示。其中,学情分析和内容分析解决的是"在哪儿"的问题,教学目标和教学重难点为教学指明了"去哪儿",教学组织和教学实施则是关于"怎么去"的问题,教学评价和诊断改进用于评估教学"到达否",如未达成教学目标,则需重新调整上述步骤,持续改进教学。这四个步骤也是教学设计的完整过程。

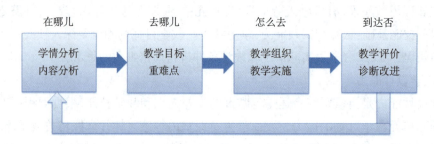

图3-2 教学活动各个环节之间的关系图

5)教学研究能力

教学研究能力是高校专业教师的必备素质,高校教师需要具备针对教学中存在的问题开展教学研究活动及形成教学成果的能力。教学研究的范围包括课程建设、教材建设、教学方法和手段、教学团队建设、教学评价体系、专业建设、人才培养模式等。通过教学研究活动,丰富教学内容及改进教学方法等,能够有效提高教学质量。

教学研究能力主要表现在三个方面:一是要有教学研究的意识,对教育教学过程中出现的实际问题和社会上发生的与德育教育有关的事件要有一种职业的敏感和探究的欲望;二是要掌握教学研究的基本方法,不但了解不同研究方法的特点和操作步骤,而且能够根据不同的问题选择恰当的研究方法;三是要善于运用教学研究解决教育教学实践过程中的实际问题。

项目3 分析课堂教学能力:梳理内涵,达到相关要求

📋 学习记录。

✏️ 练一练:

(1) 请结合自己主讲的课程,反思你在各项教学活动中所体现的教学能力情况,输出一份分析自身各个方面课堂教学能力的小报告。

(2) 对于课堂教学能力内涵的理解,你觉得还有什么可以补充的?

📋 请把完成的练习内容写在下面横线上。

 任务 3-2　讨论学校教师教学能力要求

　　和专业相关教师、学校资深教学名师进行交流，讨论自己所在学校对教师教学能力提出了哪些要求，并和深职大的教师教学能力三级要求进行对比，反思自己的教学能力水平。(已经具备哪些能力要求？可以达到怎样的能力级别？)

 学习讨论记录。

针对任务进行讨论，寻找完成任务的方法、路径。

🎧 **相关学习资料：深职大教师课堂教学能力要求和"金课"建设标准**

1. 深职大教师课堂教学能力的三级要求

深职大一向高度重视教学工作，把教学工作作为学校的中心工作，以立德树人为根本，以提高人才培养质量为核心，围绕"双高"和世界一流职业院校建设目标，抢抓人工智能背景下职业教育创新发展，全面实施"六融合"（产教融合、书证融合、理实融合、技术与文化融合、教育与生活融合、人工智能与教学融合）系统改革，大力推进人才培养模式创新、专业与课程建设，深化"三教"（教师、教材、教法）改革，创新教学管理制度与教学组织形式，完善教学质量监控与评价体系和激励机制，推动学校教育教学转型发展。结合前面分析的教师教学能力内涵，可以把学校对教师教学能力的要求分成三个级别，详见表3-1。

刚入职的青年教师，应该尽快熟悉学校各项教学活动要求，在入职一年时间达到"一级要求"。在此基础上努力提升教学能力，用3年左右的时间达到"二级要求"。具有5年以上教龄的教师，要以"三级要求"为目标，锤炼教学能力，成为优秀的职业教育教师。

表 3-1 深职大教师课堂教学能力要求明细表

教学能力类型		教学能力要求		
		一级	二级	三级
教学分析能力	教学内容分析	了解课程和单元的教学内容，以及教材内容	能结合课程特点对教学内容、教材进行客观分析	能客观分析教学内容、教材情况，并以此作为确定教学目标和教学重、难点的依据
	学生学情分析	关注学生的知识和技能基础，认知和实践能力，学习特点	能客观分析学生的知识和技能基础，认知和实践能力，学习特点	能客观分析学生的知识和技能基础，认知和实践能力等，翔实反映学生个体情况数据
	教学目标分析	依据教学内容和学情分析，确定教学目标	确定的教学目标符合国家行业要求，表述明确，重难点突出	能依据时代要求，符合部颁标准，贯彻教学文件，紧扣学生实际确定的教学目标表述明确、相互关联，重点突出，可评可测
	重、难点分析	确定教学重、难点	教学重难点突出，符合教学要求和学生实际	能根据教学内容、教材、学生学情分析，准确预判教学重难点及其掌握可能。教学重、难点突出
教学设计能力	教学内容设计	能根据专业人才培养方案和课程标准选取教学内容	能根据专业人才培养方案和课程标准，基于真实工作任务，通过解构工作过程，重构教学逻辑，序化教学内容	能根据专业人才培养方案和课程标准，以及人工智能背景下行业企业的发展新需求和完成职业岗位实际工作任务所需知识、能力、素质要求选取课程内容，遵循职业教育基本规律，以真实工作任务及其工作过程为依据整合、序化教学内容，科学设计学习性工作任务
	教学过程设计	教学过程安排合理，教材选用符合规定	教学过程安排合理，应用技术、方法和资源等组织教学，教材选用符合规定	教学过程设计体现教、学、做相结合，有针对性地采取工学交替、任务驱动、项目导向等OBE模式组织课程，将数字能力培养融入课程之中
	课程思政设计	能在课堂教学的部分地方体现职业道德、劳动教育或工匠精神	将课程思政元素、劳动教育或工匠精神自然融入课堂教学，和专业知识技能培养相结合	能深入挖掘课程思政建设，高价值观引导于知识传授和能力培养之中，在每节课的课堂教学中都能有机融入劳动教育、工匠精神、职业道德等内容

续表

教学能力类型		一级	二级	三级
教学设计能力	考核评价设计	设计了考方案，并以此开展课程考核	设计了符合职业教育和学生特点的考核和评价方案，考核评价有效	设计了有效的，符合职业教育和学生特点的考核和评价方案，持续开展教学诊断与改进
	教案设计	每次课都设计了教案，并以此开展课堂教学	教案设计规范，涵盖教学过程的每一个环节	教案完整、规范、简明、真实，充分展现教学设计全过程
	课堂教学	能按照教学设计顺利实施课堂教学	能使用合理教学策略和方法较好完成课程教学，突出教学重点、化解教学难点	课堂教学注重实效性，体现先进教育思想和教学理念，遵循学生认知规律，突出学生中心，实行因材施教，落实"三教"改革
	教学互动	教学过程中有一定的师生互动，主要形式为学生回答教师提出的问题	教学过程中有师生、生生互动，互动形式较为多样	在教学过程中注重师生、生生的深度有效互动，互动形式灵活多样，真正满足教学需求
教学实施能力	策略方法	运用一定的教学策略、方法和手段完成教学实施过程	采用了符合职业教育和学生特点的项目式、案例式教学方法，教学策略得当	引入典型生产案例，基于工作任务进行模块化课程组织与重构，采用强化能力培养的项目化教学等行动导向教学方法，熟练使用翻转课堂、线上线下混合式教学
	信息技术	教学实施过程中采用了信息技术手段	合理运用多种信息技术手段辅助教学，配套了数字化教学资源和信息化教学设备	能合理运用云计算、大数据、人工智能、物联网、虚拟仿真、区块链等信息技术以及数字教学资源、增强现实设备改造传统教学与实践方式，信息化教学设施改造传统教学与实践方式，提高管理效
	教学展示	通过说课的形式对主讲课程的定位、目标、内容、教学设计、教学实施、考核评价、特色创新等方面的内容进行完整介绍	在完成日常教学的基础上，对教学常态进行凝练总结，展现教学成果；参加校级以上（含校级）的教学比赛获奖	对日常教学进行凝练、提高、升华，深刻理解职业大教师风采；高质量完成比赛要求，参加省级以上（含省级）的教学比赛获奖

续表

教学能力类型		教学能力要求		
		一级	二级	三级
评价改进能力	评价方法	采用形成性考核评价方法,针对目标要求开展教学实践的考核与评价,了解教与学的目标达成度	针对教学目标开展全过程、多元化的考核与评价,反映教学过程中出现的问题	采用全过程、多元化的考核与评价方法,课前、课中、课后全过程贯穿,教师、学生、企业等多元化评价。同时关注个体差异
	信息采集	主要基于传统的考勤、作业、小测等手段采集教学数据	借助一定的信息化手段优化信息采集,得出评价结果	能利用信息化手段全过程采集教与学数据,并进行有效的数据分析,得出评价结果
	反馈矫正	针对评价结果,有一定的诊改办法	针对评价结果,有一定的诊改办法,并在后续的教学中得到落实	能对评价结果进行深入反思,及时调整教学内容和策略,持续开展教学诊改,评价改进贯穿教学全过程
教学研究能力	教学水平	能分析解决教学中碰到的一般问题	能持续开展教学研究对课程建设,并形成一定的教学成果	能结合教学实践对教学中的关键问题开展深入研究,提出有效可行的解决方法,建设精品开放课程,持续推进优质教学资源共建共享
	教研成果	完成课程标准、课程总结等教学文件的撰写	主持立项校级以上(含校级)教研项目或精品在线开放课程	主持立项省级以上(含省级)教研项目或精品在线开放课程

2. 深职大"金课"建设标准

课程是决定学校人才培养、教学质量和教学水平的最基本要素,课程建设是学校教学建设的核心内容,是推进教育创新、深化教学改革、提高教学质量的最直接途径。为了全面建设优质精良、特色鲜明的"金课",全方位推进学校课程建设工作,整体提升课程建设水平,切实提升教师教学能力,持续提高人才培养质量,深职大于2021年3月启动了"金课"建设工程。

所谓"金课",是指教学目标明确,教学内容先进,教学过程实效,学习成效显著,融知识、能力与素养于一体,促进学生全面发展的课。"金课"建设要坚持以"学生学习与发展成效"为核心的教育理念,增强课程目标的适应性、课程内容的先进性、教学过程的有效性、学习成效的达成度,简称"三性一度"。

(1) 课程目标的适应性。课程致力于开启学生内在潜力和学习动力,注重知识生成、技能训练、素质提升,对专业培养目标达成具有重要的支撑作用。

(2) 课程内容的先进性。课程内容紧跟生产技术前沿,聚焦核心知识与技能,将职业岗位知识、技能、素养有机融入课程,及时将产业行业的新技术、新知识、新工艺、新规范等引入教学。教学资源丰富多样、质量高,能有效支撑和促进师生之间、学生之间进行资源共享、问题交流和协作学习。

(3) 教学过程的有效性。根据学生认知规律和学情特点,通过探究式、启发式、混合式等教学方法的应用,促进师生之间的交流互动、资源共享,凸显学生主体、教师主导的学习过程,构建智慧教育赋能下的师生学习共同体。

(4) 学习成效的达成度。学习成果全面对接职业岗位工作成果,全面培养学生的专业技术技能、创新意识、创新精神和可持续发展能力等。

学习记录。

练一练：

(1) 对照表3-1,看看自己能达到哪个级别的教学能力要求。如果还没能达到"三级要求",请列出自己距离"三级要求"所欠缺的教学能力,并思考达成办法。

(2) 结合自己主讲的课程,思考要达到"三性一度"所必须具备的教学能力。

请把完成的练习内容写在下面横线上。

项目 3　分析课堂教学能力：梳理内涵，达到相关要求

 任务 3-3　提出提升教学能力的途径

结合自己主讲的课程和教学实践，并通过和教学经验丰富的教师学习，制订提升自身课堂教学能力的规划。

 学习讨论记录。

针对任务进行讨论，寻找完成任务的方法、路径。

 相关学习资料：几个有效提升教师课堂教学能力的途径

对职业院校教师而言，如何提升课堂教学能力是必须面对的一个问题。教师们可以结合自己的日常教学和教研活动的各个环节，探索、实践提升课堂教学能力的途径和方法。教师通过在具体实践中提升自身课堂教学能力，最终达到培养德智体美劳全面发展、符合社会需要的复合式创新型高素质技术技能人才的目标。

具体来说，提升课堂教学能力的途径可以包括以下几个方面，如图 3-3 所示。

57

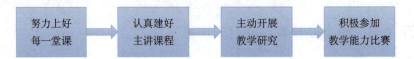

图 3-3　提升课堂教学能力的途径

1. 努力上好每一堂课

上好每一堂课,不仅仅体现在每堂课的 45 分钟,还包括课前的教学准备、教学设计和课后的反思诊断、总结改进。

第一,做足教学准备。教师在课前必须根据专业人才培养方案和课程标准,分析教学内容,掌握学生学情,熟悉教学条件,从而确定课程以及每次课的教学目标以及教学重难点。要全面把握素质、知识、技能目标之间的内在联系,吃透"三维目标"的要求,充分利用教材、数字化资源等教学资源。

第二,做好教学设计。教师要根据确定的教学目标和课程特点,整合和重构教学内容,优化教学实施过程,设计好每堂课的教案,包括采用符合学生成长规律的教学策略和教学方法,利用信息化等技术手段和各种课程资源,设计基于工作任务的模块化教学项目,设计多元全过程的考核与评价体系,开展教学诊断与改进等。

第三,组织好课堂教学。在每堂课的教学过程中,做好教学组织和管理。以学生为中心开展教学活动,教师是每堂课的组织者和教学活动的引导者,引导学生发挥主观能动性主动开展学习,营造和谐积极的学习氛围,在课堂教学中有机融入劳动教育、工匠精神、职业道德等课程思政元素。

2. 认真建好主讲课程

教师在努力上好每一堂课,积累了一定数量的教学资源以后,可以将主讲课程努力建设为精品开放课程。

课程建设要坚持党的教育方针,以学生为中心、以服务为宗旨,遵循需求导向、问题导向及目标导向,优化课程结构,丰富课程资源,深化课程改革,规范课程管理,不断提升课程建设质量,全面提高教育教学质量。

第一,课程思政,课程育人。挖掘、梳理课程中所蕴含的思政教育元素,厘清课程思政教育主线,把价值引领与思维方式培养有机融入课程,强化情感在教育中的"催化剂"作用,实现课程的全过程育人。

第二,校企共建,工学结合。与行业、企业共同提炼岗位典型工作任务,分析完成任务应具备的职业能力与素质要求,根据典型工作任务对课程内容进行整合重构,并对其做教学化处理,以工学结合、项目驱动培养学生的岗位胜任能力。

第三,课程资源,数字融合。充分发挥信息技术、人工智能等数字技术的优势,开发完善类型多样、适合教学、系统完整的课程基本资源和拓展资源,建设涵盖课程标准规定内容及覆盖课程所有知识点和岗位技能点,包含完整的教学内容和教学活动,包括教学

项目3 分析课堂教学能力：梳理内涵，达到相关要求

设计、教学实施、教学过程记录、教学评价等环节，颗粒化程度较高，表现形式适当，能够满足在校学生和社会人员学习需要，支持线上教学或线上线下混合教学的精品在线开放课程。

第四，学生为主，持续改进。以学生为中心，充分发挥同伴互助、小组学习等社会化学习优势，实时反思教学策略与课程效果的关系，不断对课程进行改进创新。课程建设可以从校级项目化课程、校级精品在线开放课程开始，逐步建成省级及更高级别的精品开放课程。在课程建设的过程中，持续推进优质教学资源共建共享，促进信息技术与教育教学深度融合，深化人才培养模式改革，探索翻转课堂和混合式教学，促进学生全面发展。

3．主动开展教学研究

教师开展教学研究的主要形式包括：参加教研活动，发表教研论文，开展课题研究，等等。

第一，参加教研活动。教研活动是以促进学生全面发展和教师专业进步为目的，以学校课程实施过程和教育教学过程中教师所面对的各种具体的教育教学问题为研究对象，以教师为研究主体，以校为本的实践性研究活动。教研活动的主要目的是切实提高全体教师的专业素质，增强教师的课程实践能力。教师通过参加专业、学院、学校定期组织的教研活动，能和同事等合作伙伴共同针对课堂教学和教学改革实施中教师所遇到的各种实际问题进行交流研讨，有效促进教师自我提升和学生发展，有利于教师教学能力的提升。教研活动的主题可以包括专业和课程建设、产教融合、教师教学能力提升、教学方法改革与创新、教学资源建设、人才培养质量监控与评价、学生发展、1+X证书、结构化教学团队等。

第二，发表教研论文。教师在上好每一堂课及建好主讲课程的过程中，可以凝练在上课、建课过程中的一些经验做法、教学成果，通过发表教研论文的方式总结、提高，并加以推广应用，这对教师教学能力的提升是一个很好的途径。对年轻教师来说，特别要注重养成及时总结、不断积累的习惯，可以先从一般刊物投稿开始，逐步掌握教研论文的撰写技巧。

第三，开展课题研究。教师针对教育教学中存在的问题，主动申报各种级别的教研课题，开展教学研究，这是提升教学能力的有效途径之一。课题研究的范围很广，包括专业建设和人才培养模式改革、课程建设、"三教"（教师、教材、教法）改革、实践教学、教学管理等。课题申请可以从校级、教指委教研项目入手，再逐步提升到市级、省级、国家级等更高级别项目。

4．积极参加教学能力比赛

目前高职院校的主要教师教学能力比赛包括：说课说专业比赛、高校青年教师教学大赛、全国职业院校技能大赛教学能力比赛。这是一个很好的教师展现教学成果的平台，教师可以积极参与，通过比赛提升教学能力。但要注意的是，教学比赛和常规教学不能"两张皮"，教学比赛应源于常态教学，是在日常教学基础上的提高、升华、凝练。通过比赛，达到"以赛促教、以赛促学、以赛促改、以赛促建"的目的，以构建职业教育教学质量持续改进的良好生态。

学习记录。

| |
| |
| |
| |
| |
| |
| |
| |
| |
| |

练一练：

(1) 请结合自身实际情况，谈谈课堂教学、课程建设、教学研究、教学比赛对自己课堂教学能力提升带来的影响（没有参与的方面可以省略）。

(2) 制订一份提升自身课堂教学能力的行动计划。

请把完成的练习内容写在下面横线上。

| |
| |
| |
| |
| |
| |

项目3 分析课堂教学能力：梳理内涵，达到相关要求

 学习讨论记录。

针对任务进行讨论,寻找完成任务的方法、路径。

项目3 分析课堂教学能力：梳理内涵，达到相关要求

学习记录。

请把完成的练习内容写在下面横线上。

项目 4　提升课程设计能力：校企合作，精心设计课程

> **学习目标**
>
> 1. 了解课程体系的来龙去脉。
> 2. 学会课程的宏观设计与微观设计方法。
> 3. 能设计一门课程。

本项目概要：

本项目主要介绍专业课程体系的来龙去脉，让年轻教师能主动去关心专业，知道专业课程体系的由来，了解职业教育人才培养要立足于产业发展、立足于企业需求、立足于学生未来职业要求等，并能更好地领会自己上的课程。

在了解为什么开设自己上的课程基础上，学习如何进行课程的宏观设计和微观设计，掌握基本方法，能设计自己的课程，并且能学会一门课程的课程标准的规范写法。

本项目学习产出：

(1) 分析专业课程体系的一个小报告。
(2) 按要求完成一门课程的宏观设计及其中一个单元的微观设计。
(3) 完成一门课程的课程标准。

任务 4-1　分析及优化专业课程体系

选取一定数量在对口行业就业的毕业生，梳理本专业就业面向的核心岗位群，整理出核心岗位群需要的核心岗位能力，再整理出要支撑这些核心岗位能力对应的课程。然后就本专业现有的课程体系，分析其特点及优势与不足；同时针对当前产业变化情况，结合当前专业对应的 X 证书的要求，应用"4W+1H"法设计本专业转型的课程体系。

学习讨论记录。

针对任务进行讨论,寻找完成任务的方法、路径。

 相关学习资料:课程体系及"4W+1H"法

1. 课程体系

对新入职的教师而言,通常不清楚专业为什么开设这些课程;已经工作了一段时间的教师,也有一部分教师不清楚为什么开这门课程。事实上,一个专业的人才培养方案或者教学计划里面,最重要的是课程体系,而课程体系是怎样来的呢?事实上,一个好的人才培养方案是按照下面的步骤而来,如图4-1所示。

图 4-1 课程体系的来源

首先,要进行调研。调研包括几个层面:第一,是对当地的产业和行业调研,了解专业对应的行业的发展情况,特别是近年来信息化、智能化的发展,很多产业变化比较大,及时的调研可以适时调整专业的发展;第二,是相关用人单位的调研,特别是专业的用人大户,了

项目 4 提升课程设计能力：校企合作，精心设计课程

解其对学生岗位及能力要求的变化，及时掌握企业的需求；第三，是对历届毕业生的调研，特别是对对口就业学生的调研，了解其工作后的主要岗位、岗位的主要工作任务、岗位需要的职业能力、毕业后觉得欠缺的能力等，可以通过问卷的方式进行全面调研。

其次，专业教师一起梳理各方调研结果，完成调研报告，特别是要梳理出核心的就业岗位（群）及相应的职业能力。梳理后邀请企业专家，特别是从一线成长起来的主管以上的行业专家，也可以适当邀请两三名毕业很多年又取得成绩的往届毕业生，然后召开座谈会，进一步明晰学生就业的核心岗位（群）及其核心能力要求。

再次，专业教师根据上述结果，讨论后梳理出为了支撑上述岗位及能力应该开设什么课程，并结合往年办学经验及开课情况，梳理出专业的课程体系，特别是核心课程。

最后，再邀请教育专家，一般邀请本专业办得好的学校的专业主任或者主管教学的领导召开一次教育专家研讨会，对课程体系进行讨论和确定。

至此，专业的课程体系经过广泛调研、企业专家研讨、教育专家研讨几个过程，最后完成。这样的课程体系因为是在反映了行业的变化、企业的需求、学生的需求、教育者的经验等基础上多方达成的，因此能较好地支撑人才的培养。教师要明晰每一门课程的开设都与学生的就业要求及可持续发展能力有关，因此，当学生问到为什么开设这门课程时，教师要清楚这门课程在课程体系里的作用，要能帮助学生答疑。

2．产业转型的课程体系的"4W+1H"法

随着信息技术及人工智能的发展，知识更新的速度日益加快，产业的变化也是前所未有的，那职业院校的专业如何与时俱进呢？深职大经过实践，提出了"4W+1H"法，可以作为专业转型下的课程体系设计的一种重要方法。"4W+1H"法说明如下。

➤ When：梳理出产业的变化阶段图，梳理出目前专业培养的人才和企业需求的差距。
➤ Why：找出需要"转型"的原因。
➤ Where：确定当前及未来产业趋势下专业的定位、专业的目标及学生未来就业的核心岗位（群）
➤ What：确定好专业核心岗位（群）对应的职业能力是什么。
➤ How：确定好应该如何实现我们的目标。（该设计怎样的课程体系……）

学习记录。

练一练：

（1）请选取自己所在专业的人才培养方案（或教学计划）仔细学习，然后与专业相关教师进行交流，反思你所在专业的课程体系是否来自上述步骤，是否符合核心课程呼应核心岗位及核心能力，并写出对本专业课程体系的分析、建议。

（2）利用"4W+1H"法重新设计所在专业的课程体系，并在专业内部进行分享讨论。

请把完成的练习内容写在下面横线上。

任务 4-2　做出课程的宏观设计

选取自己主讲的一门课程,然后写出该门课程的教育目标,再结合目标画出该课程的宏观设计框架,并进行说明。

 学习讨论记录。

针对任务进行讨论,寻找完成任务的方法、路径。

 相关学习资料:三步 CTD 法

对很多教师而言,说课确实是一件有压力的事情,对新教师更是如此。那究竟什么是说课呢? 说课对教师的价值体现在哪些方面呢? 其实说课对教师来说很重要,好的说课不仅可以看出教师对课程的理解,更能看出教师对教学改革的认知程度和实践程度。因此,让教师说课是一个很好的了解教师教学情况和教学改革的捷径。那什么是说课呢? 说课包括什么内容呢? 说课就是对你自己所教课程进行一下全面介绍,主要的内容包括了学情分析、课程的教学目标、为达成目标的课程的整个框架、课程单元的具体教学组织、课程的评价及课程的相关资源等,可以全面反映一门课的教学情况,而其中的关键就是课程目标的确定、课程的宏观设计、课程的微观设计。在此我们介绍深职大的三步 CTD 法。

第一步：领悟课程的宏观设计（C:comprehend）

所谓宏观设计，就是课程的整体框架，即根据课程的培养目标，打破教材现有的体系和内容，按照学习规律和一定的逻辑关系重新形成的一个课程框架，学生按照这样的框架和顺序进行学习，就有效达到了学习目标。一门课要上得好，好的宏观设计是必不可少的，而好的宏观设计离不了对课程目标的准确把握及对课程内容的"解构与重构"。

对年轻教师而言，做好课程的宏观设计是一件比较困难的事情，因为教师自身受到的多年教育大都是传统型教育，教师的授课一般按照教材有序进行，而教材本身也大都是学科体系的呈现，其本身的系统性和逻辑性都比较强，按其顺序教学本身没有问题。那为何对于职业教育的学生要进行改变呢？为什么职业教育面临着"解构与重构"教学内容，重新进行宏观设计呢？其一，这主要是基于职业院校的生源，职业院校的学生在过去多年的学习中，已经形成一些方法和思维模式，有他们自身的特点，而其中不会学习是普遍现象，也不乏不爱学习的；其二，职业教育本身的培养目标就是培养具有应用能力的可以在第一线工作的技能型人才，而这就要求职业院校的学生不能是仅掌握"知识"的人，职业院校的生源和职业教育的特征都决定了要改革现有的教材体系，根据职业目标重新进行宏观设计，这就要求我们要勇于改革，打破现有教材对教师的束缚，能"因材施教""因地制宜"设计课程，实现职业教育的培养目标。

要做好这样的改革，对年轻教师无疑是一种挑战。挑战首先在于年轻教师普遍来自学科教育体系下的教育环境，熟悉的就是传统的一些教法，并不熟悉职业教育，更不熟悉职业教育的一些教法等；其次年轻教师教学时间不长，经验有限，可能一开始要搞清楚教学的重、难点都不易，而要设计一门课程，难度可想而知。

那怎样才能进行这样的改革呢？首先要主动去学习职业教育的一些理论，主动去转变理念并转变思维，这样才有可能打破长期以来形成的固有的一些习惯思维和做法；其次，要不断熟悉自己教的课程，主动向老教师学习，力争在教两三遍后梳理清楚教学的目标、教学的重难点，然后尝试进行改革。

对年轻教师而言，第一步首先要建立一些基本的理念，比如要理解职业教育离不开校企合作、工学结合；职业教育要实现目标，必须"做中学、学中做"，强调"实践导向、行动导向"；职业教育要求教师自己主动去连接企业，力争早日成为"双师型教师"……

第二步：确定课程的目标（T：target）

课程目标如何确定呢？如前所述，如果专业课程来自调研和企业一线需求，并支撑专业的某些核心职业能力，那倒推回去也是成立的，即课程到底支撑学生未来哪些岗位、哪些职业能力的培养也是清晰的，因此教师应该清晰地把某门课程的目标传递给学生。在确定课程目标的过程中，为了能与时俱进，建议教师一定要与企业人士进行讨论，共同确定课程的目标，再以最简单直接的表述告诉学生，让学习者感受到这门课对他们自身的价值，课程目标越清晰，越能让学习者感受到价值，在未来的教学中实现起来也更加容易。

项目4 提升课程设计能力：校企合作，精心设计课程

第三步：进行课程的宏观设计 (D:design)

好的宏观设计，就是能够体现当前的教学改革的理念，我们常用"项目化的课程设计"推进我们的课程改革。一般来说，项目化的课程设计能够促进学生的思考，能解决学生不爱学、学不会、不会用的情况。理想的宏观设计是打破教材内容本身的框架，按照教学目标，按照职业能力的需要，重新选取教学内容再设计课程的过程，这个过程也是"解构 (deconstruction) 和重构 (reconstruction)"的过程。

学习记录。

 练一练：

下面是某制药专业教师"片剂生产"课程的教学目标。

(1) 掌握片剂中常用赋形剂的种类。
(2) 掌握湿颗粒制备片剂的工艺流程。
(3) 熟悉片剂的质量检查项目。
(4) 熟悉片剂包衣的目的、种类及包糖衣的方法。
(5) 了解制备片剂过程中的常用设备的操作。
(6) 了解片剂的特点和分类。

【讨论】请将上述目标进行调整，并分析目标调整前和调整后有什么变化，并说明调整的原因。

请把完成的练习内容写在下面横线上。

相信上述的思考和讨论会给教师一些启发。经过上述的讨论,教师是否明确了教学目标该如何去设定,是否感受到了校企合作的必要性和双师要求的必要性。在未来的教学中,建议教师的关注点不要放在学生学了什么,而是能做什么,要把注意力放到知识应用的视角;在目标的确定中,能多用"动宾结构"来描述目标,把注意力放到"行动"上、"实践"中。教师的关注点应该是:目标是否合理,是否对学习者有价值,学习后是否能解决问题,是否能帮助学生创造美好的未来……总之,职业教育的目标要关注学生未来的职业能力及可持续发展能力,最终目标是帮助学生学会学习、学会合作、学会做事、学会做人、学会生活。

项目4　提升课程设计能力：校企合作，精心设计课程

 练一练：

请选取自己主讲的一门课程，根据上述谈到的要求，与企业人士或者毕业后的学生进行一次沟通（可以用电话或者网络），重新写出"课程的教学目标"，并与原来的教学目标进行比较，看看变化在哪里。同时，请至少两位老教师提出意见或者建议。

请把完成的练习内容写在下面横线上。

当前主流的宏观设计的方法就是"基于工作过程的课程设计",该方法就是打破教材现有的体系,按照企业实际的工作过程设计课程。课程的逻辑顺序就是工作步骤或者流程,这种设计可以让学生直接按照企业的岗位工作进行学习和实践,未来毕业后可以更好地适应企业的需求,该方法已经得到很多课程的实践证明。不过该方法比较适合于工科的专业课和部分的文科专业课,不适合于一般专业的基础课、理论课等。除了"基于工作过程的宏观设计"之外,我们再推荐两个方法:一是围绕该课程的教学目标,形成一个"产出目标",再围绕产出目标,按照"从简单到复杂"的逻辑顺序来设计课程。比如说"室内设计"课程,宏观设计可以是"设计一个单房→设计一个多房→设计一个复式(或者别墅)",从中可以发现设计者的设计难度是逐步加大的,符合从简单到复杂的原则,但是横向上是平行结构,无论设计哪类房型,学生可能都需要遵从"客户需求分析→设计定位→设计草图"等同样的工作流程,学生通过三次左右的实践,基本上就达到了进行"室内设计"课程的基本需求。二是对于公共课、基础课,课程本身缺少流程脉络,那么该如何设计呢?很多教师会感觉无法操作,实际上任何课程都可以进行项目化课程的改造,形成项目驱动的教学模式,这对于公共课和基础课而言,确实有较大难度。宏观设计的好坏取决于教师对课程目标、课程内容的熟悉程度,更取决于教师对当前教学改革理念的理解程度。这类课程一般按照认知事物的逻辑思路进行设计,也就是说没有套路,更多依赖的是教师选择的脉络或者分类标准。如大学语文可以按照文体进行分类,大学英语可以按照探讨的主题进行分类,而国际贸易理论则可以按照学习者认知的顺序分类……不一而足,这就需要教师不断去尝试。

总之,任何一门课都可以基于工学结合的理念打破教材进行项目化的宏观设计,即进行项目化的课程改革。要用上述介绍到的方法,对新教师来说,难点就是因为教学经验不足,很难一下想到课程内容之间内在的逻辑,也不易做到系统化的项目设计。建议可以先从局部实训及单元开始,慢慢就能形成一个系统化的项目化课程改革。

其中要注意以下几点:第一,要经常与企业人士沟通,梳理清楚课程的教学目标和学习目标;第二,项目的表达最好用动宾结构,实在有难度也要用主谓结构,不建议用名词作为一个项目;第三,项目之间是有内在联系的,不是随意选择;第四,最理想的项目化课程改革就是把企业真实的项目带到课堂,可以适当处理,但是一定要基于实践;第五,选取这些项目的原因是只要完成这些项目的训练,就可以达到教学目标。宏观设计对新教师而言是一个挑战,而基础课难度更大,都需要我们不断去摸索。

总之,好的宏观设计一定是打破教材体系重构的过程,体现为以下几个特点:第一,基于工学结合的理念,打破教材的学科体系框架;第二,通过"项目化课程"改革来实现,项目来自企业或生活,现实性很强,而且整门课程的项目之间是有内在联系或者逻辑的,所有的项目完成后,就达到了我们的教学目标;第三,选取的项目或者任务,学生可以理解并且有兴趣,最理想的状态是学生在教师引导下进行自我选择的结果;第四,完成这些训练后是有产出的,学生能够从中得到成就感和快乐。

项目4 提升课程设计能力：校企合作，精心设计课程

 练一练：

下面是一门"无机与分析化学"课程的教学内容（见图4-2），内容是按照教材章节来写的。

我们按照上述宏观设计的思路进行了课程的"改造"，新的宏观设计如图4-3所示。

序 号	教学内容	教学学时		
		理论	实践	合计
第一章	结论	2	6	2
第二章	定量分析中的误差和数据处理	10	8	16
第三章	化学反应速率与化学平衡	6	6	6
第四章	物质结构基础	4	2	4
第五章	分析化学概述	8	8	16
第六章	酸碱平衡与酸碱滴定	12	4	18
第八章	沉淀溶解平衡与沉淀滴定法	6		8
第九章	氧化还原反应与氧化还原滴定法	10		18
	配位化合物与配位滴定法	12		16
	机动			
	考核	2	2	4
	总计	72	36	108

图4-2 "无机与分析化学"课程的教学内容

序 号	教学内容
学习情境1	认知无机物及分析化学
学习情境2	用酸碱滴定法测定酸碱平衡
学习情境3	用沉淀滴定法沉淀溶解平衡
学习情境4	用氧化还原滴定法测定氧化还原反应
学习情境5	用配位滴定法测配位化合物

图4-3 对课程进行改造

请完成下列问题。

（1）图4-3中出现了"学习情境"，而我们前面提到了"项目"，请查阅相关资料理解二者的含义。

（2）上述宏观设计和教材内容相比，你觉得发生了哪些变化？这种宏观设计的价值是什么？

（3）请选取你主讲的一门课进行宏观设计。

请把完成的练习内容写在下面横线上。

任务 4-3 写出课程的微观设计

选取自己主讲的一门课程中的一个项目,然后采取翻转课堂的模式写出该门课程的微观设计,并用十分钟进行展示说明。

学习讨论记录。

针对任务进行讨论,寻找完成任务的方法、路径。

相关学习资料：课程的微观设计——六步激励法

一门课程有了好的宏观设计，就说明教师在对课程的改革上迈进了一大步。但是如何上好课，更多取决于"微观设计"，即每个单元如何进行教学实施的设计，即课堂中如果组织教学，如何应用多种教学法构建以学生为中心的课堂。

深职大经过多年的实践，总结了在"重新定位"的基础上，基于"三中心"理念的"六步激励法"。

1. 重新定位

什么样的教师才是好教师，相信每个人都有不同的看法，但是总体来说，责任心、爱心、耐心缺一不可。随着时代的变化，教师的角色和定位也在发生着变化，因此在定位角色时也要有所调整。

首先，作为一名教师，对学生要有爱与接纳。爱是作为一个好教师的基础；要接纳学生，学生普遍情况是学习基础不够扎实，不少学生缺少好的学习方法或者好的学习习惯，在学习上畏难情绪较重，自律不够，可以说有这样或者那样的问题，但是作为教师不仅仅看到学生的不足，更应该看到学生的优点，比如熟悉新媒体，数字化素养高，思维活跃，见多识广等，应接纳他们，认可他们，推动他们，鼓励他们，推动学生去提升自己。

其次，教师要重新定位"教师角色"。理想的课堂教师是教练，是一个设计者、引导者、推动者，能够"因材施教"，能够设计若干的实践项目推动学习者不断去实践，然后在实践中掌握知识。课堂上不断训练的人应该是学生，而不是教师在那里十八般武艺的表演和展示，学生才是课堂的中心。

最后，教师要能突破长期形成的思维定式。比如，教材只是参考书，教学内容要根据课程目标重新进行选取，教师要勇于打破教材对自己的束缚，关注学生应用知识的能力，而不是学了什么；再如，学习者不一定都要先学才会做，也就是并不是所有知识一定要先学习才可以训练，不一定教师要讲完了再实训，很多知识的实践可以在以往经验的基础上加上逻辑思维自我去探索，因此教师可以大胆进行尝试，不必从零起点开始，不必都要讲了才做，完全可以让学生在教师的引导下去摸索、去实践，应做中学、学中做、学练结合，让学习者慢慢地在实践中学习知识，应用知识，积累经验，叠加新知，掌握技能，提升能力；又如，教育中，"授人以鱼不如授之以渔"，教师要理解教会学生学习的方法比教会知识本身更重要，因此一定要通过精心选择的训练项目，达到对核心知识学习、理解、应用的目标，然后通过这些选取的载体训练，慢慢教会学生学习的方法、解决问题的方法……上面提到的这些问题，都是大多数教师需要突破的，对教材的理解、对实践为中心的理解、对教学目标的理解等，都需要突破惯性思维，才有可能在微观设计上取得突破。

2. 坚持"三中心"的理念

坚持"三中心"的基本理念：以学习者为中心，以培养能力为中心，以全面发展为中心。

首先，要"以学习者为中心"。目前大多数课堂还是以教师为中心的课堂，尽管教学改革很多年，我们的课堂改革也进行了很多改善，与过去的满堂灌相比，教师们也已经努力从"单纯讲"进步到了"讲完＋练习或者实训"，也就是"理论＋实践"的模式，已有很大的突破，但是很多课堂依然是以教师为中心，学生依然是在教师的管理下被动学习。要改变这种"以教师为中心""以讲授为中心"的做法，教师必须要转变理念，去打破长期形成的习惯。也就是无论我们的教学目标还是教学内容，都要站在学习者的角度去思考，我们要关注的是我们教的内容对学习者有什么价值，能给他们未来的工作与生活带来怎样的帮助，只有"换位思考"，我们才能慢慢改变现有的教学模式和教学习惯。

其次，要"以培养能力为中心"。随着信息技术和人工智能的发展，知识更新的速度前所未有地加快，很多我们教授的知识可能三年或者四年后就已经过时了。因此在整个教育中，教师一定不能拘泥或者重点放在"知识"本身，一定要围绕教学目标，让学生在完成任务或者项目的过程中树立正确的人生观和价值观，并学会学习的方法、分析问题的方法，真正提升学生的学习能力、分析能力等综合能力，去迎接未来产业的变化以及信息技术和人工智能对人类的不断挑战。

最后，要"以全面发展为中心"。一个日本教育学家曾经说过："什么是教育？就是让孩子们在未来哪怕碰到一簇野菊花，也有怦然心动的情怀……"这就是教育的最终目标。通过教育，让孩子们学会理解真善美，学会幸福地生活！幸福是一种能力，教师在任何时候都要把"育人"作为知识传授之上的更高目标，把沟通的能力、学习的能力、对他人负责的能力以及爱的能力融入知识体系中，让孩子们拥有"幸福的能力"。

3. 使用"六步激励法"进行微观设计

六步激励法（STIMULATE 法），其中 S 代表学生（students），第一个 T 代表目标（target），I 代表激发点燃（ignite），MUL（multiple）代表多种方法应用起到引导促进作用，A 代表唤醒（arouse），第二个 T 代表对话（talk），E 代表评估（evaluate）。STIMULATE 本身就是一个单词，其意思是"启发、唤起、激励"，故称为六步激励法。

第一步：分析经验（分析对象、分析学情）。分析学习者的情况，包括学生的特点和经验，特别是对学习该部分内容已经具备的知识和经验，以及学习该部分内容的困难等。因此在进行学情分析时，其中最需要关注的就是学习者学习该部分内容已经具有的经验及学习者学习该部分内容的难点，这个是容易被教师所忽略的。

第二步：明晰价值（寻找价值、发现目标）。好的课堂要让学习者感受到学习的价值，只有感受到自己能获得的价值，才能更好地投入学习。因此首先要关注教育内容对学习者的价值，整个教学目标要清晰、明了且最好学完有产出，能让学习者享受到学习的价值。此外，我们倡导"教书育人"，因此在"教育价值"上不要忽略当前倡导的"课程思政"的内容。

第三步：触发动机（激发兴趣、唤起激情）。如何激发学习者的热情呢？经过大量的教学实践，我们依然首推分组作业的"项目化课程"的教学改革，希望通过"分组""合作""项目""任务"驱动我们的课堂,通过翻转课堂的教学模式来实现,同时应用好信息化的手段实现混合学习。这里的难点就是选择来自企业一线的项目或任务,这些项目或任务具有趣味性、可操作性、挑战性、可供学习者的选择性、结果可呈现性等特点,当然要紧扣我们学习知识的难点和重点。如果能找到这样的项目或任务,就可以有效激发学生的学习兴趣,唤起学生的学习热情。同时经过多年的教学实践,我们建议在用项目或者任务驱动课堂时,能够设计"差异化的项目或任务",尽可能把企业真实的各种情况设计进项目或任务中,一方面可以给学习者一个自我选择的过程,另一方面可以让全部学生分享和实践到多种真实情况,可以更好地面对未来的职业要求。此外,如果有些课程的学生情况参差不齐,则可以利用这一步通过不同要求和层级的项目或任务,实现分层教学。

第四步:引导促进(推动促进、帮助达成)。通过有效项目或任务的驱动,通过翻转课堂,已经唤起了学习者的热情,但是要让学习者能够克服困难去探索与实践,还需要在完成项目或任务的过程中持续推动以帮助学生。在整个项目或任务的执行中,教师要通过信息化的手段或者其他方式给予学生帮助与支持,特别是该门课程的初期阶段,学习者普遍不知道如何完成项目或任务,教师要及时给学习者"搭梯子";同时,必要的考核和评价的手段要及时跟进,形成全班"争上游"的学习氛围和评价机制,能促进学生完成目标。

第五步:交流对话(展示汇报、成果呈现)。学生完成了项目或任务,无论任何课程,我们都希望能有所产出,这样容易让学习者有"成就感",同时,这些产出教师要安排出一定的时间并采用一定的方式让学习者进行展示和汇报,一方面激发其荣誉感、责任感,另一方面也可以让不同组的学习者进行分享和交流。

第六步:评估反思(评估产出、评价成果)。对于学习者呈现的结果,教师要给予及时的反馈,也就是说要有个评估,这个评估可以采取各种方式和形式,但是一定要结合前面设定的教学目标,结合教育的重难点进行评价、指导,必要的时候可以引进企业专家的评价意见,可以利用线上或线下方式帮助学习者理解自己完成的项目或任务中做得好及不足的地方,解决存在的问题,为今后发展打下基础。

学习记录。

练一练：

请选取自己主讲的一门课的一次课，应用"六步激励教学法"进行教学设计，并进行现场示范。

请把完成的练习内容写在下面横线上。

项目 4　提升课程设计能力：校企合作，精心设计课程

 学习讨论记录。

针对任务进行讨论，寻找完成任务的方法、路径。

学习记录。

项目4 提升课程设计能力：校企合作，精心设计课程

请把完成的练习内容写在下面横线上。

请把完成的练习内容写在下面横线上。

项目 5　提升课堂教学能力：确定目标，实现高效教学

> **学习目标**
>
> 1. 了解什么是有效的课堂教学。
> 2. 学会进行课堂教学的微观设计。
> 3. 学会如何进行课堂管理。
> 4. 能巧妙应用多种教学法和相关资源提升课堂教学实效。

本项目概要：

本项目主要学习在进行一次课的教学设计时，如何应用翻转课堂教学模式，如何在课堂教学实施中应用多种教学法，如何巧妙进行课堂管理，最后形成一个有效的课堂。

本项目学习产出：

（1）观摩某一校级名师的课堂，总结他/她的课堂教学特点。

（2）使用"翻转"课堂进行授课，设计好一次课。

（3）以自己授课的课程为例，选择 2～3 个教学方法并实施。

（4）以自己的课程为例，说明自己是如何实现课程思政的渗透，以及如何进行教学反思的。

任务 5-1　确定课堂教学目标

任何一次课都需要有教学目标，要有难点、重点分析，这是一个有效的课堂必须要思考的。请选取自己熟悉的一门课，选取该门课中的某次课（可以是一节课或者两节课，也可以是一个任务、一个单元，根据前面的宏观设计来考虑），写出该次课的教学目标（包括能力目标、知识目标、素质/思政目标），同时列出学生学习后的产出。

学习讨论记录。

针对任务进行讨论,寻找完成任务的方法、路径。

 相关学习资料一：什么是有效课堂教学

简单来讲,有效课堂教学是指教师通过教学活动达成了教学目标,学生学会了知识或技能,并能自主应用这些知识或技能。

按照新课程标准的要求,教学要达到三个层面的目标,也就是现在说的三维目标：知识目标、能力目标,以及与情感、态度、价值观等相关的素质目标,这三者缺一不可。掌握知识是获得能力和形成情感的载体,是传承文化的桥梁；能力提高和正确价值观的形成是学习知识的结果。只有这三个层次的目标都达到了,才算是有效的教学。其中知识目标应该包含着是否理解、掌握了所学知识；能力的提高,应该包括掌握了一定的技能,同时包括学习的能力、思维的能力、提出问题和解决问题的能力、获取知识的途径、灵活处理工作和生活中问题的能力,以及能够不断创新与终身发展的能力等；情感、态度和价值观则是在获得上述知识和能力的过程中所得到的情感上的体验、共鸣,形成健康的心态、积极乐观的人生态度和对世界客观辩证的看法、人生价值取向,这也是我们目前谈的课程思政要实现的目标。

项目5 提升课堂教学能力：确定目标，实现高效教学

1. 有效课堂教学具有的特点

（1）课堂教学有明确的教学目标。课堂教学目标要与课程教学目标相协调，课堂教学目标要围绕课程教学目标设立；课堂教学目标要与现有的教学条件、教学资源、教学环境相一致，不能脱离教学的现实；课堂教学目标的设立要与学生的实际学习状况相适应。

（2）课堂教学策略选择恰当。课堂教学策略种类繁多，与教师的教学理念、课程的教学内容、学生的具体学情、教学环境等有直接的联系。针对不同的课程、不同的学生，教师需采用不同的教学策略才能达到想要的教学效果。

（3）学生参与学习状态良好。学生参与学习的程度是有效课堂的重要指标，如果学生不能被课堂吸引，没有激发学生的内在动力，就很难达到我们的教学目标，也就谈不上是有效课堂。

（4）教师课堂管理方式灵活有效。教师有较高的教学技巧，对整个教学过程的推进有序，应用了合理的课堂管理策略，有效发挥了学生的学习主动性，让学生主动参与到课堂中来；同时对出现的情况能够及时发现，并采取有效措施进行处理，整个课堂呈现出和谐、有序的氛围。

（5）学生学习效果可评可测。学生学习效果是可以量化、评测的，课堂评测可以是简单的、以检验知识为主的小测，也可以是以检验技能为主的操作评测，总之，课堂评测应该围绕教学目标进行，以便让学生掌握本次教学目标所设定的知识或者技能。

2. 容易导致无效课堂的情形

（1）教学目标不明确。尽管已经有课程标准，一门课程的目标也是清晰的，但是在具体到每一堂课、每一个任务时，很多教师会忘记思考"一堂课"的教学目标，导致教学中出现无效课堂。

（2）教学目标有偏差。教学中忽略学生已经有的经验或者知识，把学生已经掌握或者社会已经达成共识的知识、技能作为主要教学目标。例如，健康的重要性已经被社会大众普遍认可，无须花费大量时间介绍，可能需要学习的是什么是生理健康、心理健康、社会适应性等。类似问题的背后是教师们按照教材授课，很多教材还属于学科体系的类型，注重知识的系统性。所以在实际教学中，一定要时时关注自己的课堂目标，根据课堂目标进行教学内容的选取，避免出现无效课堂。

（3）教学过程中忽略了教学重点、难点。有些教师对教学目标已经很明确，但是教学过程中忽略了重、难点，甚至是主次颠倒，导致教学重、难点被弱化，无法达成最为重要的技能目标。

（4）创造、使用过多的教学方法和教学手段。有些教师为了丰富课堂教学，选取了很多方法和手段，特别是使用了很多视频资源，授课过程中几分钟就播放一个视频，导致整个教学过程不仅不连贯，而且因为资源太多而冲淡了学习的主题，看似学生有兴趣，其实没有达成既定的教学目标。总之，教学方法和教学手段不是目标，它们要服务于教学目标的达成，选择少而精的教学方法和教学手段将使得学生的注意力集中在掌握知识和技能上，而不是疲于适应教师的教学方法和教学手段。

除上述常见的几种情况外,还有其他因素也有可能导致无效的课堂,比如不理想的学习环境、过大的合班,教师缺少课堂管理经验,教师对相关教学内容不熟悉,教师缺少与企业的合作,教师不熟悉当前有效的教学方法和手段,教师忽略了外界资源的使用等,各种因素都可能导致不好的教学结果。因此,教师一定要在课前仔细思考教学目标,然后根据学生的情况精心设计每一堂课。同时要不断提醒自己注意职业教育的特点,注重学生实践能力的培养。教学中坚持做中学、学中做、工学一体的教学思路,不断改革,才能达到理想的教学目标。

📝 学习记录。

✍ 练一练:

提前和同一专业的教师联系,观摩他/她一堂课的教学效果,或者回顾自己听过的他/她的课,然后分析他/她的课有哪些高职教育特征。

_____
_____

分析他/她的课堂教学有效性在哪些方面得到了体现。

_____
_____
_____

请把完成的练习内容写在下面横线上。

练一练：

（1）查阅相关资料，梳理出有效课堂的"要素"进行讨论。

（2）针对上面材料的学习，对比自己的课堂，看看有没有类似问题，同时思考有没有可能解决或者改善。

（3）请选取自己主讲的一门课，选取其中一次课，写出该次课的教学目标，分析该目标的重、难点设计是否合理，该目标是否会影响课堂教学。

（4）分析自己在该堂课教学目标中是如何设计"思政元素"的，是否达到了"润物细无声"的教学目标。

请把完成的练习内容写在下面横线上。

相关学习资料二：《高等学校课程思政建设指导纲要》要点

2020年5月教育部印发了《高等学校课程思政建设指导纲要》的通知。通知指出，落实立德树人根本任务，必须将价值塑造、知识传授和能力培养三者融为一体、不可割裂。通知要求全面推进课程思政建设，要寓价值观引导于知识传授和能力培养之中，帮助学生塑造正确的世界观、人生观、价值观。"课程思政"不是"思政课程"，思政不是只在"毛泽东思想和中国特色社会主义理论体系概论"课程中体现，所有专业课中也需要融入思政元素。那么作为专任教师，如何在自己的专业课中进行思政建设呢？

我们学习一下《高等学校课程思政建设指导纲要》中的要点。

一、全面推进课程思政建设是落实立德树人根本任务的战略举措

要紧紧抓住教师队伍"主力军"、课程建设"主战场"、课堂教学"主渠道"，让所有高校、所有教师、所有课程都承担好育人责任，守好一段渠，种好责任田，使各类课程与思政课程同向同行，将显性教育和隐性教育相统一。

二、课程思政建设是全面提高人才培养质量的重要任务

抓好课程思政建设，解决好专业教育和思政教育"两张皮"问题。深入挖掘各类课程和教学方式中蕴含的思想政治教育资源，让学生通过学习，掌握事物发展规律，通晓天下道理，丰富学识，增长见识，塑造品格，努力成为德智体美劳全面发展的社会主义建设者和接班人。

三、明确课程思政建设目标要求和内容重点

课程思政建设内容要紧紧围绕坚定学生理想信念，以爱党、爱国、爱社会主义、爱人民、爱集体为主线，围绕政治认同、家国情怀、文化素养、宪法法治意识、道德修养等重点优化课程思政内容供给，系统进行中国特色社会主义和中国梦教育、社会主义核心价值观教育、法治教育、劳动教育、心理健康教育、中华优秀传统文化教育。

相关学习资料三：挖掘专业课程中的思政元素

（1）专业知识引发的人文问题的思考，包括专业知识、技术和产品背后所蕴含的人文素养、道德情感、社会服务、国家骄傲、工匠精神等。

（2）专业课程蕴含的科学思维和方法论，思维方法的学习、训练、掌握和运用对形成健康的科学信仰有极大的帮助，例如，追求真理，坚定马克思主义和共产主义信念。

（3）专业规范、专业伦理和职业道德是课程思政的价值依托，对树立正确的职业价值观有重要意义。

（4）教师自身的"身正为范"，与社会主义核心价值观中"敬业"内容紧密联系。教师本身就是最好的思政元素，也是最直接的思政元素，应通过教师自己的敬业精神感染学生。

（5）时政热点、国家大事、突发事件与学科专业的充分融合，对坚定共产主义信念、坚持共产党的领导、激发报效祖国的斗志起到积极作用。与时事相关的思政内容需要随时间动态调整，才能更好地保证课程思政的时效性。

任务 5-2 设计一次课

根据任务 5-1 完成的作业，在清楚选择该次课的目标及重、难点的基础上设计一次课，完成教案的撰写并进行班级示范教学，完成教学后再对学习者进行评估和调研，了解其学习效果。

 学习讨论记录。

针对任务进行讨论,寻找完成任务的方法、路径。

相关学习资料：翻转课堂教学模式

要达成一个有效的课堂，关键点还是要激发学生学习的动力，因此内驱力的激发是达成教学目标的有力保障。目前鼓励用的就是"翻转课堂"的教学模式。

"翻转课堂"教学模式主要是指学生在课前借助教师的教学课件或者教学视频进行预习，在课上由教师负责解答疑惑，实现课上与课下相融合。通过这种互动式的教学方法，可以引导学生自主学习，并且将课堂上所学知识内化到自己的知识结构当中，以提高教学质量和教学效果。课前教师需要通过网络将自己制作好的教学视频或者学习资料提前交给学生进行学习，学生在课堂上再集中向教师提问；还可以由教师组织学生进行共同学习和交流，帮助学生建构教育学知识。"翻转课堂"的教学理念打破了传统"满堂灌"教学模式的单向交流模式，实现了教师与学生角色的转变，并且通过课后作业与教学实践实现知识的内化。

"翻转课堂"的实施一般分课前、课中两个阶段。

1. 课前学习

（1）发布学习视频。根据教育学理论和观点，课前预习视频并不都是知识点的讲解，一些能够激发学生学习兴趣的短片也可以用于翻转课堂。同时，教师在课堂教学过程中需要选择一些具有创造性、引人思考、令人兴奋等特点的视频进行辅助教学。最重要的是需要选择与教学内容息息相关的内容，帮助提高教学效果和教学质量。

（2）设计学习问题。引入学习视频的最终目的在于激发学生的学习兴趣，使得学生能够保持对学习的热情。设计学习问题不仅能够保持学生对学习的兴趣，而且带着目标学习，能够提高学生学习的针对性和目的性，达到良好的学习效果。在翻转课堂中，为了促进学生学习能力的提升，在课前学习过程中，教师可以设置开放性问题。在设计问题的过程中教师需要注意以下几点：首先，问题需要围绕知识点开展，引导学生运用一定的方法掌握知识；其次，在思考问题的过程中，培养学生解决问题的能力；最后，还需要培养学生的质疑精神和创新精神。

（3）设计测验。测验对于教学活动具有积极作用。首先，测验能够及时检测学生对于知识的掌握情况，强化学生的学习动机，在一定程度上能够起到良好的促进作用。通过测验，能够使得学生了解自己的学习情况，不断改进当前的学习方法。其次，对于教师而言，测验是教师制订和调整教学内容的重要工具，通过设置测验能够及时了解学生的学习情况，便于开展教学。在翻转课堂中一般选择封闭式测试，不仅能够加强和巩固学生对于知识点的掌握情况，而且能够及时进行运用，了解自己的课前学习情况，便于在课堂上与教师进行沟通和交流。

2. 课中学习

（1）课前测验，激活记忆。在上课前，教师可花费 3～5 分钟时间进行课前测验，激活学生的记忆。尤其是对部分较早完成课前学习任务的学生而言，由于其遗忘速度比较快，通过课前测验，能够帮助学生快速回忆之前学习的知识。

（2）小组交流。课前学习是帮助学生吸收和存储知识的过程，而课堂学习就是培养学生学习思维和学习能力的关键阶段，对于学生课前学习的检测、展示都需要在课堂这一场所完成。小组合作学习是翻转课堂教学的主要形式和方式，学生能够在小组合作过程中展示自己在课前的学习成果，相互学习，取长补短，从而达到良好的学习效果，解决在课前遗留的学习问题。小组合作教学不仅有利于培养学生的表达能力，而且有助于提高学生的思维能力。在课前测验结束之后，教师可以根据课堂学习的要求将学生划分成若干小组，采用小组合作的方式进行学习，由各小组在组内推选小组长，小组长负责对各个组员进行分工，组织组员进行沟通交流，并总结小组学习结果。

（3）展示结果，以评促学。课堂是交流、互动、展示的重要平台，在课堂教学过程中，展示小组成果是学生个性化发展以及互动式学习的重要成果。并且在展示之后，由教师、组长进行打分评价，构建多元化的评价体系，促进学生学习积极性的提升。各小组派 1~2 名发言人员对本小组活动成果进行总结评价，该发言者既需要对小组讨论结果进行总结，还需要对小组内每一位成员做一个简单的评价，由教师根据小组展示结果进行具有针对性的评价，并选取其中的优秀作业作为案例。

学习记录。

练一练：

（1）结合自己讲授的课程，以一次课为例，使用翻转课堂进行设计。（基本框架可以参考下列顺序，但是要写出详细教案）

课　前

发布学习视频：＿＿＿＿＿＿＿＿＿＿＿＿＿＿＿＿＿＿＿＿＿＿＿＿＿＿＿＿＿＿＿＿

设计学习问题：＿＿＿＿＿＿＿＿＿＿＿＿＿＿＿＿＿＿＿＿＿＿＿＿＿＿＿＿＿＿＿＿

设计的测验：＿＿＿＿＿＿＿＿＿＿＿＿＿＿＿＿＿＿＿＿＿＿＿＿＿＿＿＿＿＿＿＿＿

项目 5　提升课堂教学能力：确定目标,实现高效教学

课　中

小组交流的问题：_____

小组 XX 的讨论结果：_____

小组 YY 的讨论结果：_____

小组 XX 的评价结果：_____

小组 YY 的评价结果：_____

课　后

小组的作业：_____

_____

(2) 讨论：该种课堂设计的难点在哪里？目前的课堂设计是否解决了教学中的难点？是否有效激发了学生的内在动力？

请把完成的练习内容写在下面横线上。

任务 5-3　应用多种教学方法进行教学实践

根据任务 5-2 完成的教案,在学习相关教学方法的基础上进行教案的优化,经导师批改并同意定稿后,准备课件并进行班级示范教学。请团队教师帮自己进行录像,课程结束后总结是否达到了事先设置的教学目标,是否解决了教学中的重点和难点,是否应用了教案设计的程序和若干教学方法等。如果现场有变化和调整,请说明变化和调整的理由。

学习讨论记录。

针对任务进行讨论,寻找完成任务的方法、路径。

相关学习资料：高职教育常用教学方法

高职教育的教学方法很多,以下是几个常用的,除此之外还有行动导向教学法、引导课文教学法、问题导向教学法、情景教学法、讨论法、现场教学法、思维导图教学法等。

1. 案例教学法

在教师的指导下,根据教学目的的要求,组织学生通过对案例的调查、阅读、思考、分析、讨论和交流等活动,教给学生分析问题和解决问题的方法或道理,进而提高分析问题和解决问题的能力,加深对基本原理和概念的理解的一种特定的教学方法。

2. 四阶段教学法

四阶段教学法是一种起源于美国岗位培训的、系统化的教学方法。

（1）准备：教师通过设置问题说明学习内容的意义，调动学生的积极性。

（2）教师示范：不仅要让学生获得感性知识加深理解，而且要让学生知道教师操作的程序，即"怎样做"，他们接着也要这样做。

（3）学生模仿：挑选多名学生按示范步骤重复教师的操作，必要时解释做什么，为什么这样做。教师观察学生模仿过程，得到反馈信息。

（4）练习总结：教师布置练习任务并让学生独立完成，自己在旁监督、观察整个练习过程，检查练习结果，纠正出现的错误。教师还可将整个教学内容进行归纳总结，重复重点和难点。

3. 角色扮演法

教师设计一项任务，让学生扮演角色参与教学活动，进入角色情景，以某种任务的完成作为主要重点目标，让学生不论是亲身体验或是从旁观察，都务必将注意力专注于活动的进行过程上，让学生在课程中借助自身经历的过程来学习并获得知识，达到加深对专业理论知识的理解并能灵活运用的目的，进而培养综合素质，为学生进入未来的职业岗位乃至适应今后的变更奠定良好的基础。角色扮演法常用于商务谈判、法庭辩论、护理等课程。

4. 项目教学法

项目教学法是师生通过共同实施一个完整的"项目"工作而进行的教学行动，项目为学习任务的载体。项目可以指以生产具体产品的工作任务，如某种食品、模型汽车、检测任务等。在商务、财会和服务行业，代表整体特性并可见成果的工作也都可以作为项目，如商品展示、产品广告、应用小软件等，如图 5-1 所示。

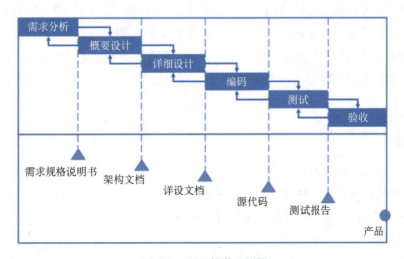

图 5-1　项目教学示例图

5. 张贴板教学法

张贴板是可用大头针随意钉上写有文字的卡片或图表的硬泡沫塑料或软木板（见图 5-2），是一种典型的"由师生共同构建的教学媒体"。张贴板教学法是在张贴板上钉上由学生或教师填写的有关讨论或教学内容的卡通纸片，通过添加、移动、拿掉或更换卡通纸片进行讨论并得出结论的研讨教学方法。

图 5-2　张贴板

6. 头脑风暴教学法

头脑风暴教学法是教师引导学生就某一课题自由发表意见。该方法是一种能够在较短的时间里获得较多的思想和观点的工作方法，通过集体讨论，集思广益，促使学生对某一教学课题发表自己的意见，并通过同学之间的相互激励引发连锁反应，从而获得大量的构想，经过组合和改进，达到创造性解决问题的目的。

7. 现场教学法

现场教学法是指组织学生到生产现场或社会生活现场学习有关知识、技能或接受思想品德教育的教学形式。时间、形式上不像课堂教学那样固定，常视教学任务、教材性质、学生实际情况和现场具体条件等而定。通过现场观察、调查或实际操作，可以丰富学生的感性认识，促进学生对书本知识的进一步理解和掌握，培养学生将知识用于实践的能力。

【案例】

下面以"网络系统集成"课程为例进行说明。该课程采用项目教学法，课程以 MM 公司的网络组建项目为载体。MM 公司是一家快速发展的新型企业，总部位于北京，分别在深圳、上海设有分公司，如图 5-3 所示。项目的需求如下。

项目 5　提升课堂教学能力：确定目标，实现高效教学

图 5-3　网络示意图

(1) 企业总部设办公室、人力资源部、计财部、市场部、生产部、技术部、工程部、企划部、信息中心等十多个部门。部分部门信息点数量如表 5-1 所示。

(2) 表 5-1 以外的其他部门（合计 4 个）用户信息点数量为 15 个左右。

表 5-1　部分部门信息点数量

部门	计财部	市场部	技术部	生产部	企划部	工程部	信息中心
信息点数量	30	60	40	40	38	35	25

(3) 上海、深圳分公司各有销售、生产、财务、办公室四个部门，用户信息点数量各为 80 台左右。

(4) 企业数据中心设于企业总部的信息中心，各类服务器共 8 台。

(5) 整个企业统一通过总部的公网出口连接到互联网。公网用户可以访问企业网内的网站、邮件服务器。

把大项目分解为整体网络拓扑设计、局域网部分设计与实施、广域网部分设计与实施、VLAN 和 IP 规划与实施、全网路由设计与实施、全网可靠性规划设计与实施、安全规划与实施 7 个子项目。整体网络拓扑设计如图 5-4 所示。

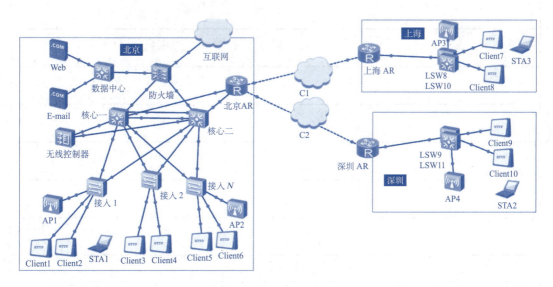

图 5-4　整体网络拓扑设计

图 5-5 是广域网部分（子项目之一），设计要点如下：总部和分部采用 T1 链路，带宽为 1.544Mbps，路由协议用 OSPF。分三个区域，有两个末节区域。用防火墙作为网络边界，采用 NAT 网关。子项目又可以分解为几个小任务。每次课（或者两次课）完成一个小任务即可。

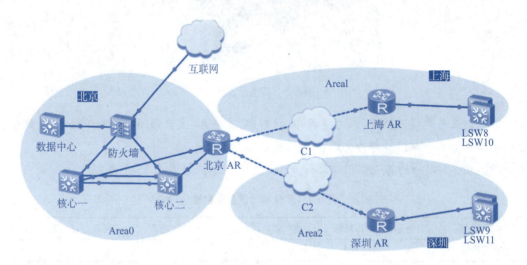

图 5-5 网络的广域网部分

例如，"全网路由设计与实施"子项目的任务之一为：配置路由协议 OSPF。这个任务用两次课（4课时）完成，内容包括"主干区域 OSPF 配置""末节区域 OSPF 配置""默认路由注入""OSPF 认证配置"等。

学习记录。

项目 5　提升课堂教学能力：确定目标,实现高效教学

练一练：

判断自己讲授的课程能否采用项目教学法。如果可以,请构建一个项目。

项目名称_____

大项目可以分解如下。

子项目 1：_____

子项目 2：_____

子项目 3：_____

以一个子项目为例,可以进一步分解如下。

任务 1：_____

任务 2：_____

任务 3：_____

请把完成的练习内容写在下面横线上。

| |
| |
| |
| |
| |
| |
| |
| |
| |
| |
| |

【案例】

下面以"急危重症护理学"课程中的"心肺复苏术"教学为例说明。心肺复苏（CPR）是抢救危重症患者的重要技能。使用角色扮演法进行教学，对护理人员进行规范的"心肺复苏"训练。角色扮演法是通过模拟医疗现场情景的一种参与式教学方法。教学目标是正确评估病人病情，及时发现心脏骤停，规范熟练进行心肺复苏。学生应具备相应的基础，知道心脏骤停的原因、类型及临床表现，以及心肺复苏的步骤。

把学生进行分组，每组6名学生，组长1名，分别扮演患者、家属、护士(3人)、住院医生。实施过程如下。

（1）课前发放培训资料，在组长的安排下分配角色。

（2）课中按照事先分配的角色，各自描述自己扮演角色的任务。

（3）按照预先设定的情景进行角色扮演（见图5-6）。住院患者（扮演者一）突然意识不清，家属（扮演者二）拉响警报器呼叫护士（扮演者三），护士（扮演者三）发现患者心脏骤停，颈动脉搏动消失，双侧瞳孔放大。护士（扮演者三）紧急做CPR操作，同时呼叫其他护士（扮演者四、扮演者五）。护士（扮演者四）使用心电监护仪显示室颤，准备进行电除颤；护士（扮演者五）静脉推注肾上腺素注射液，抽股动脉血液行血气分析。护士们密切配合医生（扮演者六）的各项操作。

（4）各学生互换角色进行反复演练。

（5）各角色反思各自急救过程中存在的问题，亦可相互指出其他角色在各环节出现的问题，并提出改进措施，由教师进行总结。

在抢救过程中，医生与护士之间、护士与护士之间的协作能力与默契程度极为重要，角色扮演法使成员树立"团队"意识，而非"个体"意识。团队协作是成功抢救危急重症患者的关键因素。

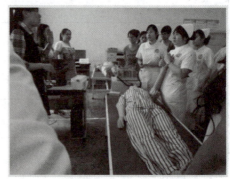

图5-6 "心肺复苏术"角色扮演

学习记录。

练一练：

结合自己讲授的课程，分析其中的某次课程能否采用角色扮演教学法。如果可以，请分配角色任务。

单元/情景名称＿＿＿＿＿＿＿＿＿＿＿＿＿＿＿＿＿＿＿＿＿＿＿＿＿＿＿＿＿＿＿＿

角色名称和任务如下。

角色1：＿＿＿＿＿＿＿＿＿＿＿＿＿＿＿＿＿＿＿＿＿＿＿＿＿＿＿＿＿＿＿＿＿＿＿

角色2：＿＿＿＿＿＿＿＿＿＿＿＿＿＿＿＿＿＿＿＿＿＿＿＿＿＿＿＿＿＿＿＿＿＿＿

角色3：＿＿＿＿＿＿＿＿＿＿＿＿＿＿＿＿＿＿＿＿＿＿＿＿＿＿＿＿＿＿＿＿＿＿＿

情景如下。

片段1：＿＿＿＿＿＿＿＿＿＿＿＿＿＿＿＿＿＿＿＿＿＿＿＿＿＿＿＿＿＿＿＿＿＿＿

片段2：＿＿＿＿＿＿＿＿＿＿＿＿＿＿＿＿＿＿＿＿＿＿＿＿＿＿＿＿＿＿＿＿＿＿＿

片段3：＿＿＿＿＿＿＿＿＿＿＿＿＿＿＿＿＿＿＿＿＿＿＿＿＿＿＿＿＿＿＿＿＿＿＿

请把完成的练习内容写在下面横线上。

 任务 5-4　进行教学反思

根据任务 5-3 实施了课堂教学,完成教学后对学习者进行评估和调研,了解自己的教学效果及学习效果,并提出需要改进的地方。

 学习讨论记录。

针对任务进行讨论,寻找完成任务的方法、路径。

项目5 提升课堂教学能力：确定目标，实现高效教学

 相关学习资料一：进行教学反思

　　每次实际教学，都会因为学习对象的不同和现场情况的变化，对教案进行调整，也就是说，我们会"因材施教"。但是在实践中，依然会面临课堂中的一些困难导致我们没有达到教学目标，因此教学后的反思及反思后的调整非常重要。那如何进行教学反思呢？哪些方面需要进行反思呢？

　　(1) 反思教学中的"得"，特别是"亮点"。将教学过程中达到预先设想的教学目标、引起学生共鸣的良好做法、创设生动有效的教学情境、学生学习积极性的充分调动、恰当的教学手段、课堂教学中临时应变得当的措施、某些教学思想方面的渗透与应用、教学方法的改革和创新等详细地记录下来。特别是课上有哪些值得回味的亮点特色、瞬间灵感等。

　　(2) 反思教学中的"失"，特别是"败笔"。把教学中不够灵活的教学方法、不够科学的教学策略、缺乏深入思考的情境创设、沉闷的教学氛围、不恰当的教学评价、处理突发事件的失误梳理总结出来，并作深刻的反思、探究和剖析，使之成为今后教学的经验教训。尤其是对于教学中的败笔，没能达到预期的目标，学生普遍存在的问题，以及练习中、测试中学生易犯错误的地方等进行思考和分析，寻找学生出现这些问题的根源，并做出深刻的剖析和反思，同时改良方法和措施，修改教案设计中的失误。

　　(3) 反思教学中的"改进"。教案的改进其实也是教后进行教学反思的主要内容。一节课结束后，我们必须实事求是，从实际出发记录教案中的得失，及时总结，找出教案中需要进一步修改和调整的内容，使教案更加完善、合理。

　　(4) 反思教学中的"创新"。在课堂教学中，学生是学习的主体，学生总会有新的发现，教师应当充分肯定学生在课堂上提出的一些独特的见解，这样不仅使学生的好方法、好思路得以推广，而且对学生也是一种赞赏和激励，同时这些创新也是教师教育教学的有机补充，可以成为良好的资源，拓宽教学思路，提高教学水平，成为今后的教学参考。

【案例】

下面对教学内容进行反思,如表 5-2 所示。

表 5-2　教学反思

课程名称	Windows Server 系统高级管理
单元名称	DHCP 服务高级管理
授课班级	19 网络 4 班
授课时间	第 3 周　星期三　1～3 节
授课地点	信息楼 409
可取之处	(1) 备课充分,对教学内容熟悉,了解学生基础,能准确预估难点。 (2) 教学设备(虚拟机等)运行良好,没有出现故障。 (3) 采用任务驱动教学法,大多数同学完成了 DHCP 选项配置、DHCP 策略、DHCP 冗余措施之一:拆分作用域的配置任务。 (4) 全班同学动手实操积极性高,提问时回答踊跃。 (5) 课程前 5 分钟回顾 DHCP 基本知识,为 DHCP 高级管理做了很好铺垫,本课程进一步提高了 DHCP 服务的管理技能
不足之处	(1) 三位同学旷课(副班长说同学有事,但未请假)。 (2) DHCP 冗余措施之二:故障转移来不及讲完。教学内容安排过多。 (3) 个别同学忘记服务器管理员密码,只能返工并重新配置服务器。 (4) 部分同学未把虚拟机复制回去供课后练习。 (5) 两对谈恋爱的同学分别坐在两个角落,听课专注度不够,上课秀恩爱影响学习
改进措施	(1) 加强考勤,目的不是记旷课,要关心旷课的原因。 (2) 更加准确地安排教学内容的数量,以免过多或者过少。 (3) 部分同学学习进度较慢,安排水平高的同学给予适当帮助。 (4) 与两对谈恋爱的同学进行课后谈话,声明不反对他们个人的感情,但不要影响学习,恋爱和学习要兼顾

学习记录。

项目 5　提升课堂教学能力：确定目标，实现高效教学

练一练：

以自己的一次课为例进行教学反思。

认为自己做得好的方面：_____

认为自己做得差的方面：_____

有哪些可以改进的方面：_____

有哪些创新点：_____

请把完成的练习内容写在下面横线上。

练一练：

第一次课对于教师的教学非常重要，回忆自己的第一次课，写出自己第一次课的教学流程，然后应用教学反思，写出第一次课的得、失与改进措施。

请把完成的练习内容写在下面横线上。

相关学习资料二：如何上好第一堂课

第一堂课的重要性不言而喻，因为教师和学生初次见面，都迫切地想在第一次课堂上了解对方。

1．课前准备

教师需要在第一次课之前做好以下准备。

（1）教师需要在上课前完成课程备课工作，熟练掌握教学内容，制作课件，编写作业、题库，制订教学计划，编写电子教案。根据深职大要求，开学初至少完成 1/2 学时的备课量，建议完成 100%。

（2）完成课程教学相关的实训设施和耗材的准备。如果您是老教师，在平时的专业建设中就需要建设自己课程的实训室，并申购相关的课程耗材；如果您是新教师，请和专业主任、同课程组教师沟通，提前了解实训室和耗材的准备情况。

(3) 教室的教学环境准备。教学准备周时,和实训室管理员、教室管理员联系,安装课程配套软件,熟悉教师机屏幕广播系统、投影、录播系统等的运行情况和使用方法。

(4) 检查教材或者讲义的到位情况。

(5) 准备教学班级的学生名单,并对学生姓名中的生僻字进行查阅。如有条件,可通过辅导员、班主任等渠道获得学生的相片。

(6) 打印课程标准、教学进度。

2. 第一堂课的内容和实施方法

建议第一堂课的具体内容与实施方法如下。

(1) 教师自我介绍:包括姓名、电话号码、微信号等联系方式,办公地点,研究方向,工作简历等,作为基本信息提供给学生。教师可根据情况制作个性化的自我简介,例如兴趣爱好、传奇故事,拉近和学生的心理距离。自我介绍不必局限于和课程、教学相关的内容。

(2) 认识学生:教师可以通过按照学生名单点名或者学生自我报姓名、自我介绍等方式,熟悉授课班级的学生。

(3) 介绍产业及学生未来岗位:虽然任课教师负责的是某一门课程的教学,但是教师需要让学生知道本专业、本课程所对应产业的情况,让学生通过课程了解产业,了解行业,了解企业,了解未来岗位。总之,教师站在自己的课程、自己的视角向学生展示产业的前景、行业的发展、企业的岗位,可以帮助学生了解专业,熟悉专业,进而热爱专业,可以极大促进学生的学习动力和提高学习的主动性,为学好该专业和该门课打下良好的基础。

(4) 课程的内容及地位:介绍本课程在整个专业标准中的定位(见图 5-7),用思维导图等方式展示本课程的主要教学内容(无须展开)、课程的重要性(为什么学)、学什么、怎么学等学生关心的问题。图 5-8 所示为本课程涉及的两类主要设备,应让学生提前有所了解。

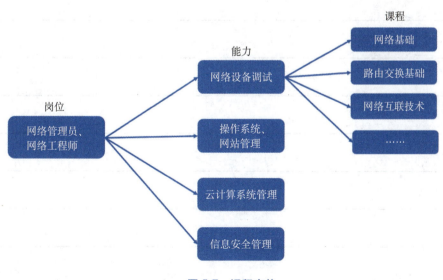

图 5-7 课程定位

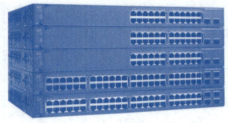

图 5-8　课程涉及的两类主要设备

（5）课程要求、考核方式：学生自然会关注到课程的考核方式。第一堂课明确告诉学生课程的考核方式，包括考勤等。不仅在期末要进行考试，也要注重学习的整个过程。明确告诉学生各个部分的评价占总成绩的比例（如 50%），具体包括课堂考勤、课堂纪律、课前预习、课中表现、作业情况、实验过程及完成情况等。

（6）与学生互动：讨论学生对本课程的了解、看法、期望值、疑问等。

学习记录。

项目 5　提升课堂教学能力：确定目标，实现高效教学

（1）选择自己前面已进行课程设计的课程，回忆、梳理课前自己做了哪些准备工作，还有什么需要补充的，然后写出第一次的教学设计。

_____
_____
_____

（2）回顾自己选择的课程。如果我们按照前面的任务训练，关注第一次课的教学设计，关注我们的课堂目标，应用翻转课堂的教学设计，教学实践中尝试多种教学方法，但是我们依然还会有很多困难和问题。请和你的小组成员进行讨论，梳理出课堂教学中经常面临的困难，包括课堂管理的问题，然后一对一写出可能解决的对策，最后进行课堂分享。

_____
_____
_____

请把完成的练习内容写在下面横线上。

| |
| |
| |
| |
| |
| |
| |
| |
| |

任务 5-5　课程资源开发与利用

一门好的课程离不开课程资源的建设。现代视听技术、信息技术和互联网等在课程资源建设中的作用受到前所未有的重视，人工智能技术也逐渐地在教学中得到应用。线上＋线下混合式教学信息化改革改变了传统的教学方式，还有精品课程、视频公开课、在线开放课程、MOOC、SPOC、金课等。课程资源是指应用于教与学活动中的各种资源，现代信息技术的发展使得课程资源尤其是素材性课程资源的交流和共享成为现实。请根据自己主讲的课程进行科学的资源规划和设计，并写出建设计划。

学习讨论记录。

针对任务进行讨论，寻找完成任务的方法、路径。

相关学习资料一：资源类型

现代信息技术的发展使得课程资源，尤其是素材性课程资源的交流和共享成为现实，从大的范畴来讲，资源可分为两大类。

（1）基本资源。一般指涵盖专业教学标准（或专业教学基本要求）规定内容、覆盖专业所有基本知识点和岗位基本技能点，颗粒化程度较高、表现形式适当，能够支撑标准化课程的资源。

(2) 拓展资源。一般指基本资源之外针对产业发展需要和用户的个性化需求开发建设的资源。拓展资源应反映行业发展的趋势特色、前沿技术、最新成果及国际比较，并能够保持先进性。

资源类型一般包括文本类素材、图形（图像）类素材、音频类素材、视频类素材、动画类素材和虚拟仿真类素材等。应控制文本类和图形（图像）类资源占总资源的比重（占比小于50%），提高视频类、动画类、虚拟仿真类资源所占比重。视频类素材主要用以阐述或演示某一知识点或技能点，可以短小的"微课程"为主要形式，属易用、易得且适用、实用的学习资源；动画侧重通过变换的视角、直观的画面、形象的阐述，将逻辑思维与形象思维融为一体，将抽象概念具体化、微观概念可视化，使教学活动更加符合普通学习者的思维习惯；虚拟仿真主要用以替代危险性高或难以安排的现场实习、展示在现实教学中。

课程资源应该涵盖课程教学标准规定内容，覆盖基本知识点和技能点，颗粒化程度较高，表现形式恰当，能够支撑多层次课程资源。资源内容包括但不限于专业介绍、就业与岗位、人才培养方案、教学环境、网络课程、培训项目、测评系统等，主要有以下方面。

(1) 职业标准、技术标准、业务流程、作业规范、教学文件等。
(2) 企业生产工具、生产对象、生产场景、校内教学条件等。
(3) 企业生产过程、学生实习实训、课堂教学等。
(4) 工作原理、工作过程、内部结构等。
(5) 虚拟企业、虚拟场景、虚拟设备以及虚拟实验实训实习项目等。
(6) 企业案例、企业专家、双师资源、行业企业产品及文化展示、就业创业平台、企业网站链接等。
(7) 数字化教材、教学课件等。
(8) 习题库、试题库等。
(9) 与专业、课程、知识点、技能点相关的导学、助学系统。

一门课程的资源应力求丰富多样，在数量和类型上超出标准化课程调用的资源范围，实现资源冗余，以方便教师自主搭建课程和学生拓展学习。

 相关学习资料二：资源建设规划

1. 资源开发原则

颗粒化资源建设类型的多样化是课程建设的基础。课程资源的建设应遵循"碎片化资源、结构化课程、系统化设计"的组织建构逻辑，将教学资源尽可能设计成最小学习素材，颗粒化存储，以便用户检索和根据不同学习需求组建课程，提升资源库的广泛适用性。

一门课程的资源规划应控制文本类和图形（图像）类资源占总资源的比重，充分发挥信息技术优势改造传统教学，提高视频类、动画类、虚拟仿真类资源所占比重。

(1) 分层建设。库内资源应包含素材、积件、模块和课程等不同层次。素材是最基础的、颗粒化的资源单体；积件是以知识点、技能点为单位，由多个内在关联的素材组合形成；模块以工作任务、技能训练项目等为单位,由多个知识点、技能点的积件组合形成。课程由多个工作任务、技能训练项目等组合形成,包括逻辑合理、内容完备、周期完整的标准化课程以及满足不同需要、用户自行搭建的个性化课程。

(2)资源冗余。库内的素材、积件、模块应在数量和类型上超出标准化课程包含的内容,以更好支持用户自主搭建课程和拓展学习。

2. 资源的利用

资源在平台的应用应该是定位"能学""辅教"。"能学"指凡有学习意愿并具备基本学习条件的职业院校学生、教师和社会学习者,均能够通过自主使用资源实现不同起点的系统化、个性化学习,并实现一定的学习目标。"辅教"指教师可以针对不同的教授对象和教学要求,利用资源灵活组织教学内容、辅助教学实施,实现教学目标,学生可以巩固所学和拓展学习。

课程的资源利用信息化手段,放在运行平台上,平台应能达到资源标识、资源存储、资源评价、资源管理、资源再生等功能,并具备资源检索、智能推送、在线学习、讨论互动、跟踪评价、过程管理等功能。

在此基础上,切实强化资源库运行平台的资源存储、资源评价、资源关联以及资源再生等作用,强化针对不同使用者的资源检索、学习方案推送、在线学习、讨论互动、跟踪评价等功能,把资源库建设成为智能化、开放性的双创学习交流平台。

以资源为载体的在线课程近年来经历了以下几个阶段。

(1)国家精品课程:《教育部关于启动高等学校教学质量与教学改革工程精品课程建设 2003 工作的通知》(教高〔2003〕1 号),这是中国版的"开放课件运动"。

(2)专业教学资源库:2010 年 6 月,启动高等职业教育专业教学资源库建设项目。

(3)精品资源共享课:《教育部关于国家精品开放课程建设的实施意见》(教高〔2011〕8 号)(2011 年 10 月 12 日),这是精品课程的"转型升级"。

(4)精品在线开放课程:教育部关于加强高等学校在线开放课程建设应用与管理的意见(教高〔2015〕3 号),2018 年开展了国家精品在线开放课程认定工作。

3. 典型的资源规划工具:知识技能树

知识技能树是课程各类资源和课程的线索,课程结构和知识点的细化符合颗粒化设计要求,每个知识点是一个相对独立的有机整体,描述一个完整的知识内容。整个课程结构中的知识体系应较为全面地覆盖该课程所涉及的所有内容,并考虑不同层级、不同学习对象的需求。除了所需建设的课程内容详细结构外,知识树还可以包括但不限于专业建设、技术标准、培训课程、特色资源等内容。组织结构可以与课程结构相似,以知识/技能点逐级细化的形式来展现。

一个专业的知识技能树最多可分为五个层级,分别如表 5-3 和表 5-4 所示。

表 5-3　知识技能树结构及样例

级别	内　　容	取 值 举 例
一级	专业名	计算机应用技术
二级	课程名	C 语言程序设计
三级	相当于课程中的"章"	字符类型的使用
四级	相当于章下的"节"	长字符类型
五级	相当于"节"下的知识点	Float 字符类型

表 5-4　知识技能树提交要求

提 交 要 求	说　　明
该结构中的所有节点内容必须是本专业课程或资源的知识技能点描述	不可出现如"视频""教学文件""绪论"等描述资源类型或非知识点的内容
知识技能树不添加序号	不可出现如"第一章""项目1"等序号
批量导入的知识技能树应严格遵循技术要求	可通过平台获取样例

这里列举几个资源及信息化教学平台。

(1) 爱课程(中国大学 MOOC)：教育部、财政部"十二五"期间启动实施的"高等学校本科教学质量与教学改革工程"支持建设的高等教育课程资源共享平台。

(2) 学堂在线：清华大学于 2013 年 10 月发起建立的慕课平台,是教育部在线教育研究中心的研究交流和成果应用平台,为学习者提供从名校课程、学历学位到实战技能的全方位在线教育服务。

(3) 智慧树：全球大型的学分课程运营服务平台,帮助会员在高校间实现跨校课程共享和学分互认,完成跨校选课修读。

学习记录。

> 练一练：

（1）以教师自己所教授的一门课为例，假设要建设网络课程，请构建知识技能树并进行资源规划方案，见表5-5。

表5-5 构建网络课程

序号	建设内容	内容设计	资源类型及名称	数量/（个/套）
1	课程标准			
2	教学团队			
3	课程教案			
4	项目实训			
5	习题库			
6	案例库			
7	思政融合			
8	校企融合			
9	特色拓展			

（2）列出实施上述计划中可能遇到的困难，并团队讨论解决的可能方法。

项目 5　提升课堂教学能力：确定目标，实现高效教学

请把完成的练习内容写在下面横线上。

学习讨论记录。

针对任务进行讨论,寻找完成任务的方法、路径。

项目5 提升课堂教学能力：确定目标，实现高效教学

学习记录。

请把完成的练习内容写在下面横线上。

项目6　培养课程研究能力：确定课程起点，持续做好研究

> **学习目标**
>
> 1. 认识教学研究的重要性。
> 2. 学会撰写教育教学研究论文。
> 3. 熟悉教学研究的基本方法。
> 4. 学会教学研究选题、课题设计与课题论证。
> 5. 能结合自身教学实践，完成一项教研课题的申报。
> 6. 能够正确处理教学研究过程中的常见问题。

本项目概要：

本项目主要引导教师如何在实际教学工作中去发现问题、分析问题、解决问题，分析教学与教研之间的关系，并形成一篇高水准的教研论文，包括论文的选题角度和方法，论文的结构设计和内容充实，从而培养一种教研论文的撰写思维和方法论；介绍职业院校教学研究的内涵、特点、方法与基本流程，通过分析教学与研究之间相互依托、相互促进的关系，让新入职教师能深刻体会到教学研究的重要性和必要性，在此基础上主动去学习职业教育理论、职业教育新思想、新理念，深入思考和挖掘自身在教学实践中遇到的问题，掌握教学研究的基本方法，通过教学研究的选题、设计、论证、实施、成果总结、推广等一系列研究实践环节，进一步提升自身的综合能力，解决教学的难点问题。

本项目学习产出：

(1) 分析教学与教研的关系，完成一篇小报告。
(2) 能够按照规范规划设计出一篇高质量教学研究论文的轮廓。
(3) 按要求完成教研论文的选题和构思，撰写一篇教研论文。
(4) 结合自身教学实践，确定一项符合选题原则的课题研究名称。
(5) 完成一项教研课题申报书的撰写与论证，申报一项教研课题。

任务 6-1　分析教学与教研的关系

　　根据自己在课堂教学、课程建设、专业建设等日常教学实践中发现的问题,以案例形式分析教学研究是否对于有效解决教学问题、高质量完成教学任务、达成教学目标、提升教学效果能够起到积极的促进作用,在此基础上进一步分析教学能力提升与教学课题研究之间的关系,分析教学研究对提高教学质量、解决教学难题、促进教学团队建设、专业建设与专业教学改革起到的具体作用。

 学习讨论记录。

针对任务进行讨论,寻找完成任务的方法、路径。

 相关学习资料:回归本位的教学研究

　　随着我国职业教育的快速发展,中职、高职已分别占我国高中阶段教育和普通高等教育的"半壁江山",专业数量、学生人数已初具规模。职业院校的很多教师每学期往往会承担繁重的专业课程教学工作,也需要经常去企业实践和提升。尤其是年轻教师,由于工作经验不足,每天可能需要花大量时间进行课程课堂教学设计,准备教学案例和教学资源,往往忽略了教学研究,也不太清楚教学研究与日常教学之间的关系,每当学校发布教研项目申请指南和通知时,可能会出现一些疑惑,比如:是不是专职从事高教研究的工作者才需要做

项目6 培养课程研究能力：确定课程起点，持续做好研究

教研？职业院校专业教师每学期承担了繁重的课程教学任务，还需要再花时间做教学研究吗？课程教学工作与教学研究之间究竟是什么关系呢？应该怎么处理？怎么做教研是最有效的？这些问题非常普遍，作为职业院校的每一名教师，都需要深刻地认识到职业教育肩负着传承技术技能及培养多样化人才的职能。我国职业教育已经从注重数量转变到注重质量和内涵发展，需要深刻认识职业教育面临的新形势、新任务，从自身做起，结合自身遇到的问题，积极主动地去开展教学改革，为推动新时代职业教育不断改革发展贡献力量。因此，回归本位的教学研究落脚点是服务于教学，同时能够为教学提供有效的理论支持和实践指导，立德树人，最终达到提升教学质量、优化人才培养模式、促进学生成长和高质量就业的目标。

第一，我们要充分了解教研的意义和价值，以正确的态度对待教研。先来理解一下什么是"教研"？字面上理解就是教育研究和教学研究，教育研究是以教育科学理论为武器，以教育领域中发生的现象为对象，以探索教育规律、解决教育教学中的新问题为目的的创造性的认识活动。教学研究通常是指对实际教学的内容、过程、方法、手段等方面开展研究，以提升教学质量为目的的研究活动。通常所指的教研包括教育研究和教学研究。教研是一个专任教师日常工作的重要组成部分，教研能力也是专任教师职业能力的重要组成部分，教研对于提升教师教学能力及提高人才培养质量具有重要的理论指导与实践价值。

第二，教学研究是快速提升教师教学能力的重要途径和有效方法。高校教师要不要做教研？新入职的教师可能会问这样的问题。毋庸置疑，每个热爱教育事业，以立德树人为己任的教师已经用自己每天的实际工作给出了正确的答案。作为专任教师，日常的课程教学是一项按照人才培育方案、教学计划、课程标准规定的内容去实施的工作任务，这项工作任务是否顺利执行完成？实施过程有没有出现问题？如果出现问题应该怎么解决？相信每位教师都在反思，并已经采用很多方法不断去解决问题，这些发现问题和解决问题的过程本质上就是教学研究活动。其实教师在教学过程中早已自发开展了很多的"微教研"，在"微教研"的基础上，适当结合"中观教研"与"宏观教研"，通过教研活动、教研项目的申请、研究、验收等过程，取得的成果可以进一步系统化、程序化、理论化地指导与改进教学工作，教学研究本身也是丰富教师理论素养及提升教师专业化水平与能力的重要途径。

第三，教师职业发展也需要进一步去提升自身的教研能力。立德树人是教育的根本任务，高校教师最重要的岗位职责就是教学，因此，教学能力对高校教师来说是最重要的核心能力，不断提升自己的教学水平是教师个人职业生涯永恒不变的追求，也是对教师的各项考核、职业晋升中的核心评价指标。教学能力的客观评价标准通常会包括授课水平与教研水平，这两项也是相辅相成、相互促进的。高校教师如果能时刻将自己的日常教学工作与教学研究更紧密地结合起来，研究更加先进的教育理念、教学方法、人才培养模式、教学运行机制等，用先进的教育理论去指导教学实践，我们的课堂一定会爆发出更加强大的生命力。

做教研需要回归于教学本身，聚焦学生，聚焦教学过程中的问题，通过教研去解决实际问题。教研与教学是相辅相成、相互促进的关系，一个不重视教研的教师一定是疏于对自己的教学活动总结、反思与提升，可能长期在某个专业技术领域和科研领域比较熟悉，但缺乏先进教育理论的支撑，很难突破教育的瓶颈，很难将自己的教学水平和教学效果提升到一个

新的高度；而一位不重视教学、仅热衷于申报教研项目的教师，也很难做出有应用价值和生命力的教学研究，其做出的项目一定是无本之木，缺少教学实践检验的研究项目必定无法生根发芽。因此，教研一定是从教学中来，到教学中去。教学是教研的基础和前提，为教研提供了素材和问题；教研的成果又可以用来指导教学过程或人才培育过程的各个环节，为教学提供新的思路、新的理念、新的方法，提供系统化职教新理论的支撑。教学与教研的关系如图 6-1 所示。

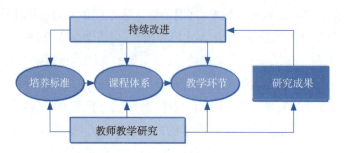

图 6-1　教学与教研

著名教育家苏霍姆林斯基在《给教师的建议》中说过：教师的工作就其本身的逻辑、哲学基础和创造性质来说，本来就不可能不带有研究因素。这首先是因为我们与之交往的每一个个体，在一定程度上说都是一个具有自己的思想、情感和兴趣的独一无二的有生命力的人，如果想使教育工作给教师带来欢乐，使每天的上课不至于变成单调乏味的任务，那就请把每位教师引上进行研究的幸福之路吧。只有日益深入地钻研教学和教育过程的微妙细节，只有不断地开辟塑造人的灵魂这门艺术的新境界，你才能成为真正的领导者，成为教师的教师，才能为别人所信赖和尊重。

苏霍姆林斯基的以上论述让我们对教学研究的理解更加清晰，让我们怀着激动与快乐的心情，一起开启一项充满未知而又有着无穷价值的教学研究，并在教学研究的幸福之路上奔跑！

学习记录。

项目6 培养课程研究能力：确定课程起点，持续做好研究

| |
| |
| |
| |
| |
| |

练一练：

（1）请选取自己所承担的某一门课程，着重考虑相关产业的新业态、新模式、新技术发展对课堂教学带来的挑战，考虑突发情况比如新冠疫情对教学策略的影响，考虑人工智能及信息技术发展对课堂教学带来的影响、挑战与机遇，考虑列举出3条以上相应的策略、路径与方案，然后和相关专业教师进行交流，反思教学与教学研究之间的关系。

（2）完成一篇论述教学与教研关系的小报告，要求有案例分析、个人体会，并在专业内部进行分享讨论。

请把完成的练习内容写在下面横线上。

| |
| |
| |
| |
| |
| |
| |
| |
| |

 任务 6-2　学习撰写教研论文

教研论文是教师专业发展的重要途径,是思维边界的突破,是理论学习的凝练,也是对教育教学的迭代修正。教研论文不是经验总结或者规划方案,而是要有升华、挖掘和探索,揭示事实背后的深刻道理,形成一种范例和模式。

履行一名教师的职责,同时也要有自我提升的并轨需求,教研论文是教师的重要成果之一,在教学或管理的工作场景,如何将所见所闻、所思所想、所感所悟转换为理论研究并反向促进工作效率和质量提升呢?这需要从思路的开拓、工作的梳理来培养一种理论与实践结合的研究能力,这会使教师的成长加速。

教育教学改革存在各种问题,教师也会有各种感悟和体会,从而提出自己的见解并形成经验积累,一名优秀的教师一定会不断地去革新思维,善于总结提炼,迭代更新的观念,不断探索实施的有效路径,从而形成某个学科、某类工作、某个课程的模式和范例。教研论文是围绕教育教学、管理决策、工具手段中的某个点,总结提炼出具有普遍意义的经验,理论与实践的融合、共性与个性的交互构成了教研论文的素材源泉。请结合自己的工作,查阅国内外资料,写出两三个教研论文题目,并列出关键词。

 学习讨论记录。

针对任务进行讨论,寻找完成任务的方法、路径。

 相关学习资料：论文选题、结构及行文

1. 如何进行选题

可从学术价值和实用价值两个角度去确定选题，确定研究方向和角度。学术要体现系统性、专业化，并能反映教育教学规律，要有严肃的求实性，并使理论性、逻辑性、实用性相统一，能给读者以开拓性思维、启发性思维并应用在自己的工作中。

（1）能在理论和实践上体现前沿性。一般而言，围绕当前教育教学的热点焦点、要点重点、难点疑点来选题，与时俱进，紧扣职教改革、教学方法发展、教育模式的更新。例如，2019年国务院颁发的《国家职业教育改革实施方案》，我们可以围绕其中20条举措的某一条甚至某一句话，联系自身的工作进行深入研究，这既具有时代性，也精准对应了自己从事的领域，论文就拥有了生命活力。这需要教师平时注意对国内外教育教学、教学改革的动态、国家教育方针政策等素材的积累。

（2）充分扩展思路。不要简单地停留在"转变教育观念""转变教师角色""转变教学行为"等粗放肤浅的内容上，需要教师自身平时密切关注教学改革的现状和动向，善于总结提炼。论文的创新性关系到本身的价值，选题要避免与他人雷同，但也要与本人所从事的工作内容紧密结合，不要盲目追求新、特、奇。主观上是否具备完成研究的学识水平、研究能力和专业特长，客观条件是否具备践行的场所、设备等资源，在自己力所能及的基础上，找准具有自身研究优势的课题。

（3）开启选题的新意。

① 从职教动向去捕捉热点：在某个新的教学理论、教学理念被倡导之初，针对某种（些）困惑开展解惑的研究和探索，再将这些研究和探索的具体做法加以提炼和总结，就可能成为一篇具有新意的教研论文，这需要具有一定的超前意识。

② 从交叉学科领域去找到写点：放眼自身学科之外的其他领域，研究跨界融合的交叉

学科，从纵向或横向切面展开研究，也许会发现更多新的写点。

③ 以逆向思维破解难点：在教育教学工作中，从存在的"误区"着手分析，以反面事例进行总结、剖析阻碍这种理念实施的种种表现及其原因，也可以寻找到新的写作切入点。

（4）提炼好论文题目。题目是文章的眼睛，"题好一半文"，一个好的论文题目有以下几个特点。

① 别出心裁地新：能敏锐分析存在的相关问题，抓住最新出现的问题，提出一个新的研究思路。

② 有针对性地精：切勿把研究课题题目简单化地移植到论文题目，尤其是很多课题内容较为宽泛，其研究成果可以用几篇论文来体现，论文题目的切口要小。

③ 名实相符地准：题目紧扣内容，反映所要研究的问题和论述的内容。

④ 简明扼要地清：看到题目就能洞悉所要表达的内容，不要过长或拗口。

2．论文的结构

论文通常包括两部分，即前导部分和主体部分。

（1）前导部分。一般包括题目、署名、摘要和关键词4个方面的内容。

① 题目：是对论文内容的高度概括，是文章的灵魂。题目不宜宽泛，应在细处精准施力，在深处挖掘，要准确简练，醒目新颖。

② 署名：即作者的姓名。

③ 摘要：正式发表的论文，一般要写出论文摘要，可以让读者快速、准确地明晰论文的基本内容。摘要切忌简单地重复引言中出现的内容，也要排除常识性的内容或只是对于内容的诠释和评论，要体现出创新性的观点，要求短、精、完整，不要出现空泛、笼统、含混之词，以几十字至300字为宜。建议采用"对……进行了研究""报告了……现状""进行了……调查"等描述字眼，不必使用"本文""作者"等作为主语。

④ 关键词：便于文献标引从论文题目、摘要和正文中选取出来的单词或术语，一般是对所研究的范围、方向做出标记，方便论文在文献检索时分类，以供读者检索。每篇论文一般有3～8个词汇作关键词。

（2）主体部分。主体部分一般包括引言、正文、结论、后记或致谢、引文注释与参考文献。

① 引言：又称前言、序言和导言，用在论文开头，用于说明写作的意图及研究方法；阐明研究的背景和动机；提出自己所要研究的问题和所要解决问题的理论框架；分析国内外在这一方面研究的成果、现状、问题及趋势；简述论题研究方法和研究手段；概述研究成果的理论和现实意义。引言要短小精悍、紧扣主题。

② 正文：包括论点、论据和论证过程，阐述作者所建构的理论观点或模型范式，并为之采用的方式方法、实施路径。正文观点和材料要紧密结合，结构上大致分为提出论点，分析问题的论据和论证，列出解决问题的步骤。行文要有研究过程的科学性和严谨性，并能给同

行以启迪和借鉴。尽量不要用"我"或"我们"这样的字眼,口语化的词汇要杜绝。

③ 结论:是论点经过论证和剖析后的更综合性概述、更高层次分析,概括事物的内在联系和规律,提出新的见解,并能引起读者的共鸣和进一步思考。

④ 后记或致谢:对在研究过程中曾经给予帮助、参与讨论、提出建议等工作的单位或个人表示谢意。

⑤ 引文注释与参考文献:引文注释是对于文中引用的他人材料、数据、论点应注明出处,可以采用文内注(行内夹注)、页末注(脚注)和文末注;参考文献是列出提到或引用的相关文献来源,一般采用文末注,所列参考文献应是正式出版物,要标明序号、著作或文章的标题、作者、出版物等信息。

3. 构思与行文

论文内容的逻辑结构可以是并列式、递进式、综合式等结构形态,但层次和段落对于主题内容的承载是明晰有序的,相互之间保持必然的逻辑联系。提出问题、分析论证、解决问题,这个逻辑构成了论文的主体部分。论文题目确定后,最好拟定写作提纲,对论文的基本框架和总体布局进行设计、安排,提纲应达到以下3点。

(1) 安排全文的布局。
(2) 填充写作素材的源泉。
(3) 凸显新意与逻辑性。

通过发散思维构思教研论文,通过分析综合、抽象概括总结出职业教育教学的认知规律、践行路径。在论证的过程中应用自己的学识进行严密的逻辑推导,以使读者获得教学的内在规律及联系。

教研论文不是对一般现象和过程的描述,而是经过实践抽象产生系统性的论点论据。论文需要兼顾理论性和实践性,论点要鲜明,论据要充分,这就需要用实践的思路、过程、效果展现出来,有鲜活的案例支撑,并能经得起业内同行实践的检验。

行文内容要有科学价值,有正确的价值观,在实事求是的基础上体现学科特性,要有规律性的认识。要有创见性观点,不是人云亦云;不是把权威的业内观点搬出来,而是要提出自己的观点,有自己理论上或者应用上的创新,是某个研究的"盲点"或对原有内容进行了优化。

论文是科学研究的结晶,注意立论、推论和表述的科学性,尤其进行推论时应充分注意科学性和严谨性,不夸大其词。应保证论点明晰、论据确凿、论述缜密,三者间要逻辑统一。建议在论文中尽可能提供数据,数据和文字表述要有机统一。但数据只能作为分析的素材,目的是增强说服力。文字表述要对其逐层分析,展开充分论述,这样两者间的有机结合会使论文具有较高的可信度和理论深度。

教研论文文风应该平易朴实,客观理性,不需要煽情和号召性文字表达,要讲究学术性和实用价值,要把繁杂深刻的理论用朴素的文字、鲜活的案例表述得通俗易懂。

【案例】

因篇幅有限,这里列举几篇优秀的教研论文作为典型案例。

➤ 姜大源.跨界、整合和重构:职业教育作为类型教育的三大特征——学习《国家职业教育改革实施方案》的体会[J].中国职业技术教育,2019(7).

➤ 赵志群.我国职业教育课程模式的发展[J].职教论坛,2018(1).

➤ 徐国庆.构建中国特色的职业教育专业认证体系[J].教育发展研究,2018(7).

学习记录。

| |
| |
| |
| |
| |
| |
| |
| |
| |
| |
| |

 练一练:

根据《国家职业教育改革实施方案》,其中"(九)坚持知行合一、工学结合部分"描述为:借鉴"双元制"等模式,总结现代学徒制和企业新型学徒制试点经验……强化学生实习实训。健全专业设置定期评估机制……建立共建共享平台的资源认证标准和交易机制……倡导使用新型活页式、工作手册式教材并配套开发信息化资源。

结合自己工作和擅长的领域,拟定一篇教研论文的题目、摘要、关键词和内容提纲。

(1)题目:

(2) 摘要：
_____

(3) 关键词：
_____

(4) 内容提纲：
_____
_____

请把完成的练习内容写在下面横线上。

任务 6-3　学习申报教研课题

结合自身在课堂教学、教材建设、专业建设等日常工作中发现的问题,以问题为导向,提出目前迫切需要进行教学改革或人才培养模式改革等方面的研究方向,明确基本的研究目标,根据教学研究选题的基本原则,凝练并确定一项符合选题原则的课题研究名称,同时,厘清和界定研究中的核心概念,明确研究中核心概念的内涵与外延,学习申报教研课题,并为下一步顺利开展课题研究打好基础。

 学习讨论记录。

针对任务进行讨论,寻找完成任务的方法、路径。

 相关学习资料:教学研究的选题

1. 选题的总体原则

习近平总书记 2020 年 9 月 11 日在科学家座谈会上的讲话中提出:"科研选题是科技工作首先需要解决的问题。我多次讲,研究方向的选择要坚持需求导向,从国家急迫需要和长远需求出发,真正解决实际问题。恩格斯说:社会一旦有技术上的需要,这种需要就会比十所大学更能把科学推向前进。"习近平总书记的讲话为我们指明了方向,教研选题也同样是教育工作者首先需要解决的问题,研究方向的选择坚持需求导向,真正解决教育教学过程

项目 6　培养课程研究能力：确定课程起点，持续做好研究

中的实际问题。2020 年全国教育科学"十三五"规划课题的选题和申报明确提出：要体现鲜明的时代特征、问题导向和创新意识，着力推出体现国家水准的研究成果。基础研究要密切跟踪国内外学术发展和学科建设的前沿和动态，着力推进学科体系、学术体系、话语体系建设和创新，力求具有原创性、开拓性和较高的学术思想价值；应用研究要立足党和国家事业发展需要，聚焦教育发展中的全局性、战略性和前瞻性的重大理论与实践问题，力求具有现实性、针对性和较强的决策参考价值。

教学研究的基本流程如图 6-2 所示，申报一项教研课题，第一步就是要认真研究申报指南，确定自己是否符合申报条件，申报类别是什么，然后确定选题方向，细化课题名称。作为一名高职院校的专任教师，立足于职业教育的新理念、新思想，可从自己最熟悉的课程教学中发现问题，根据教书育人环节的实际需要来选择教研课题的方向与主题，在选题方面应注意以下三个原则。

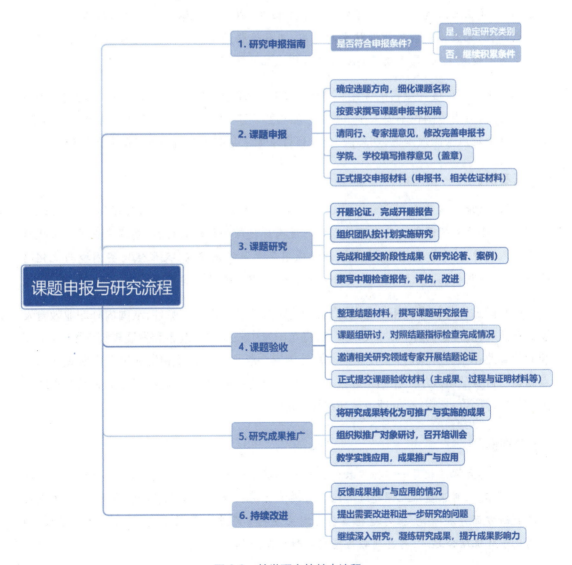

图 6-2　教学研究的基本流程

(1) 创新性与实践性相结合的原则。选题要有新意,在研究内容、研究对象、研究方法、研究视野等方面找到突破点和创新点,在广泛阅读和学习文献的基础上,善于吸收和借鉴现有的研究成果,但不拘泥于现有的相关研究成果。虽然不必一定要在教育理论方面取得突破和创新,但是可以尝试在检验、修正和发展现代教育理论的特定层面进行创新型研究与探索。同时还需要注意创新性与实践性相结合,从教学工作中的实际问题出发,具有一定的现实意义与应用实践价值,结合教育的创新设想和思路,不能为了创新而特意求新求异,研究成果最终还是要服务于教学实践,不能应用于教学实践的研究也终将会束之高阁,毫无价值。

【案例】

"基于人工智能的学生体质健康测评与关键期干预研究"(全国教育科学"十三五"规划2020年度立项课题),此课题将人工智能技术的发展与学生体质健康评测相结合,选题既具有创新性,紧紧围绕人工智能技术的应用,又有很强的实践价值,研究人工智能应用于健康评测与关键期干预,具有较好的创新性与实践性的统一。

(2) 深度与广度相结合的原则。教研课题一般都有一定的研究期限,因此选题既要有一定的深度,应用范围也不要太小,也要注意深度与广度相结合,通常选题以深度优先考虑,适合从某个难点去深入挖掘,切忌假大空,盲目求大求全的选题将会无法顺利开展研究。

【案例】

"新时代城市老年人自主学习的现实困境与优化路径研究"(全国教育科学"十三五"规划2019年度立项课题),此课题选题的深度与广度结合得非常好,课题既考虑了新时代城市老年人自主学习普遍问题,具有较好的应用前景与实践价值,又聚焦现实困境与优化路径,研究目标明确、具体,预期解决老年人自主学习中面临的现实问题。

(3) 前瞻性与科学性相结合的原则。选题既要有一定的前瞻性,从国内外职业教育发展的最新理论、理念、前沿来寻找切入点,将《国家中长期教育改革和发展规划纲要》《国家职业教育改革实施方案》(职教二十条)等国家中长期教育改革和发展规划中所关注的热点问题与自身从事教学工作结合起来,又要具有立论的科学性,选题准确把握关键要素的内涵与外延,符合科学规律、伦理道德与法律规范。

【案例】

"粤港澳大湾区教育一体化发展的问题与制度创新研究"(全国教育科学"十三五"规划2020年度立项课题),此课题选题结合粤港澳大湾区教育一体化发展的热点问题,重点在制度创新方面开展研究,很好地将当前全国关注的粤港澳大湾区建设、教育一体化发展、制度创新等有机结合起来,具有前瞻性与科学性相统一的特点。

项目6 培养课程研究能力：确定课程起点，持续做好研究

2. 选题的方向与范围

驱动我们开展教育教学研究的初心是对于教学的热爱和探究教学问题的好奇心，不忘初心，方得始终，我们希望在研究的过程中能不断提升教学能力与专业发展能力，因此，教研课题选题的方向与范围是否可以立足于如何提升教师各项能力？这些能力具体包括教师教学能力和教师专业发展能力。教师教学能力是指为达到教学目标及顺利从事教学活动所表现的一种行为特征，通常包括教师在教学活动中所表现出的认识能力、从事具体教学活动的专门能力，如把握教材、运用教法的能力等；教师专业发展能力是教师可持续发展、进阶、提升的综合能力，对于普通高校、高职院校、中职学校，不同类别教师的专业发展能力的内涵也会有所区别、有所侧重，但通过提炼作为教师的共性，总体可以分为职业道德和以下四个方面的能力，即教学设计能力、教学实施能力、教学评价能力和教学研究能力。

因此，教研课题选题的范围可以围绕着提升教学能力与专业发展能力，比如在提升教学能力方面，开展学生学习情况、学习动态分析研究，以及教材教法研究；在提升专业发展能力方面，开展教师职业道德提升研究、教学设计研究、教学实施研究、教学评价研究等。

教育研究按研究范畴可分为微观研究、宏观研究与中观研究。

（1）微观研究：从一个相对较小的视角去确定选题，是对教育教学过程中出现的某些具体问题或者某些独立的因素进行具体研究。微观研究主要是围绕教学过程中的实际问题而展开，以问题为导向开展某个具体解决方案的研究。

（2）宏观研究：从全局、整体的角度确定选题，是对教育系统大范围内的整体研究。一是包括教育与外部的关系，如教育与政治、经济、科技、文化、人口等关系的研究；二是包括对教育内部全面性问题的研究，如教育方针、教育目标、教育结构、教育管理、教育政策、教育投资、教育评价、教育督导等研究。宏观研究一般范围广、内容丰富、对象多。

（3）中观研究：介于微观研究与宏观研究之间并在一定范围内所进行的综合研究，比如，专业群组群逻辑研究、高职院校人才培养模式研究、基于产教融合的理实一体化课程体系构建与研究等都属于中观范畴的综合研究。

【案例】

（1）"全景式阅读场景下基于数据驱动的学生阅读素养评价模型研究"（全国教育科学"十三五"规划2020年度立项课题），"梁漱溟青年教育观研究——以《朝话》为中心的考察"（全国教育科学"十三五"规划2020年度立项课题），这两个课题从课题名称可以看出是针对具体的问题开展偏微观研究。

（2）"十四五"期间我国高等教育发展目标与推进策略研究（全国教育科学"十三五"规划2020年度重大立项课题），"新时代提升中国参与全球教育治理的能力及策略研究"（全国教育科学"十三五"规划2020年度重大立项课题），这两项课题都属于偏宏观研究。

(3)"大健康背景下'1+X 证书'与'护理+'人才培养模式融合的研究"（全国教育科学"十三五"规划 2020 年度立项课题），"双高计划"建设背景下高职院校产业学院建设、运营与评价机制研究（全国教育科学"十三五"规划 2020 年度立项课题），这两个课题属于介于宏观研究与微观研究之间的中观研究。

微、中、宏观研究的关系如图 6-3 所示，微观研究、中观研究、宏观研究在一项课题研究中往往是互相交叉的。一项宏观研究包含着很多微观研究与中观研究；宏观研究制约、指导着微观研究，微观研究和中观研究是宏观研究的基础；宏观研究要借助于中观研究，经过中间转化，才能在微观中得到实现；微观研究也要经过区域性的中观实验与验证，才能具有一定的宏观推广价值。作为新入职的专业教师，如果对宏观的教育政策、教育环境不是特别熟悉，建议一定要首先加强自身的学习，然后先从自己最熟悉的课堂教学入手，在课程教学内容、教学方法、教学手段等方面展开微观研究，在自己最熟悉的领域、做自己最擅长的研究，才能取得最有价值的研究成果；新入职教师经过 3～5 年的积累，在课程教学方面积累了丰富的经验，综合能力不断地提升，这时候视野更加开阔，需要站在更专业的角度去思考问题，尝试在人才培养模式改革、优化课程体系、专业群与产业群对接、校企深度融合等中观领域开展研究。无论是哪种类型的研究，一定要认真研究课题申报指南和课题立项的指导思想，在遵循指导思想的原则下，力争体现出时代的需要和时代的特点。

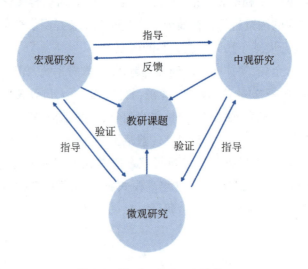

图 6-3　微、中、宏观研究的关系

【案例】

（1）全国教育科学"十三五"规划课题指导思想：高举中国特色社会主义伟大旗帜，以马克思列宁主义、毛泽东思想、邓小平理论、"三个代表"重要思想、科学发展观、习近平新时代中国特色社会主义思想为指导，深入贯彻党的十九大和十九届二中、三中、四中全会精神，全面贯彻习近平总书记关于教育的重要论述和全国教育大会精神，坚持解放思想、实事求是、与时俱进、求真务实,坚持以重大现实问题为主攻方向,坚持基础研究和应用研究并重,发挥全国教育科学规划课题的示范引导作用,推动教育科学为教育事业发展服务、为教育强国建设服务。

(2) 2022年度广东省教育科学规划项目(高等教育专项)指导思想:以习近平新时代中国特色社会主义思想为指导,深入贯彻习近平总书记关于教育的重要论述,特别是在学校思想政治理论课教师座谈会上的重要讲话精神、关于哲学社会科学工作的重要论述精神,为加快构建有中国特色、中国风格、中国气派的高校哲学社会科学学科体系、学术体系、话语体系,产出有效引领教育思想创新和教育发展改革的研究成果,推动高校哲学社会科学和教育科学高质量发展。

3. 核心概念及其界定

当选题的范围、具体方向和研究领域基本确定下来以后,研究者就需要厘清研究中的核心概念,一个关键词会有多种解释和定义,可能具有丰富的内涵和外延,如果不明确其在本课题研究中的边界或所指的特别含义,需要特定研究的范畴,在后面的课题设计和论证中会出现混乱。核心概念的界定是指对课题的中心研究思想、概念、内容所涉及的关键词进行内涵和外延的界定,以此进一步确定课题的具体研究范围。课题核心概念是课题研究的关键,是指最重要的、关键的、中心的研究概念。为避免核心概念的含义引起混淆,需要在课题设计阶段对核心概念进行界限划定,明确本课题中此概念具体所属的范围,也就是对核心概念进行界定。只有准确地界定核心概念,才能确保研究方向的准确性与科学性。

很多教师对课题核心概念缺乏深入的钻研,没有搞清楚核心概念的内涵与外延,造成研究内容偏离核心概念;也有教师在选题之前没有开展大量的文献检索与文献研究,非常片面地生搬硬套,通过重组一些词汇,提出所谓的核心概念,但实际并不具有科学性。

【案例】

以下是某教育科学规划课题申报书中对三个核心概念的界定。

(1) 课堂教学研究:是指由一名教师、多名教师或其他兼职人员进行的有关课堂教学中包括教学内容、教学方法、教学手段、评价方法在内的多重研究。

(2) 协同创新:是指围绕创新目标,多主体、多因素共同协作、相互补充、配合协作。协同创新可分为内部和外部两个类别,内部协同创新是指高校内部形成的知识(专业技能、技术)分享机制;外部协同创新的主要形式是产学研协同创新,高校与科研院所、行业产业、地方政府进行深度融合,构建产学研协同创新平台与模式。

(3) 专业集群:是指由若干个专业技术基础相同或紧密相关,表现为具有共同的专业技术基础课程和基本技术能力需求,并能涵盖某一服务领域的、由若干个专业组成的一个集合。

学习记录。

练一练：

请根据自身教学工作情况完成以下问题。

(1) 你认为成为一名优秀的高职院校教师最重要的三项能力是什么？

(a) _____ (b) _____ (c) _____

(2) 回答问题。

① 列出你在课程教学过程中遇到的或预见的影响教学质量的三个最重要的问题。

(a) _____ (b) _____ (c) _____

② 列出你对课程教学最好奇的三个问题（可以与以上问题相同）。

(a) _____ (b) _____ (c) _____

③ 列出你对专业建设中最好奇的三个问题。

(a) _____ (b) _____ (c) _____

在回答以上 3 项能力和 9 个问题之后，尝试分析这些问题是否有关联，并将这些问题进行梳理和归纳，找出最感兴趣的问题或者最迫切需要解决的问题，作为自己教学研究课题方向，并根据此研究方向进一步凝练选题。

项目6 培养课程研究能力：确定课程起点，持续做好研究

请把完成的练习内容写在下面横线上。

_____
_____
_____
_____
_____
_____
_____
_____
_____
_____

练一练：

请根据以下在课程建设9个方面的教学研究选题指南，结合自身在课程教学中遇到的实际问题，以解决实际问题为导向，同时注意选题的三个重要原则，写出拟开展的课题研究名称，在课题名称中尽量包含研究对象、研究问题和研究方法。同时，请专业教师与专业主任提出意见或者建议。课程建设研究选题指南如下。

(1) 人工智能背景下的课程转型研究。
(2) 校企共同研制课程标准的探索与实践。
(3) 精品在线开放课程建设的理论与实践研究。
(4) 打造"金课"及淘汰"水课"的路径研究。
(5) "1+X证书"背景下课程建设的改革与实施。
(6) 课程综合评价机制及其效果研究。
(7) 基于学科核心素养的高职公共英语课程标准研制。
(8) 技能大赛课程开发的基本取向研究。
(9) 通识教育核心课程模块建设研究。

请把完成的练习内容写在下面横线上。

| |
| |
| |
| |
| |
| |
| |
| |

任务 6-4　避免教学研究中常见问题

在了解教研课题申报的基本流程,熟悉教研课题申报的各个环节及要素,掌握教研课题的选题原则、方向、范围,根据自身情况确定教学研究课题名称之后,梳理教学实践中遇到的常见问题。然后以问题为导向,进一步明确课题的研究目标,提出研究假设,合理构建研究内容,选取正确的研究方法,梳理和明确研究思路、研究步骤,设计研究的技术路线,设定合理的预期研究成果,对课题研究进行充分论证和设计,并完成一项完整的教研课题申报书的撰写,争取成功申报一项校级及以上教研课题,并组建研究团队,开展有实效性的教学研究。

 学习讨论记录。

| 针对任务进行讨论,寻找完成任务的方法、路径。 |
| |
| |
| |

项目6　培养课程研究能力：确定课程起点，持续做好研究

相关学习资料：如何设计与论证教研课题

1. 课题论证之"七问"

在进行教研课题设计与论证之前，需要反复问自己以下七个关键问题，如图6-4所示。

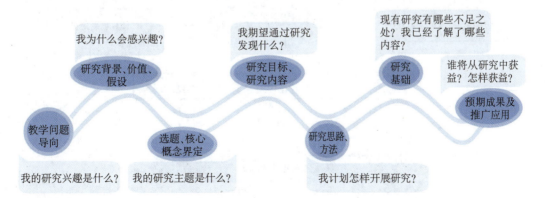

图6-4　课题论证之"七问"

(1) 我的研究兴趣是什么?

(2) 我为什么会感兴趣?

(3) 我的研究主题是什么?所要研究的主题是什么性质和类型?核心概念是什么?

(4) 我期望通过研究发现什么?解决什么问题?

(5) 我计划怎样开展研究?研究的策略和步骤是什么?

(6) 现有研究有哪些不足之处?我已经了解了哪些内容?取得过哪些研究成果?研究需要具备哪些条件?

(7) 谁将从研究中获益?怎样获益?获益的范围有多大?

经过深入思考,如果能弄清楚这七个问题及其来龙去脉,实际上就已经开始对课题进行初步、简明的设计了,后面在申报书中将会紧紧围绕这七个问题展开,研究者需要将脑海中思考的问题答案经过科学的组织和论证,以十分清晰、严谨且具有逻辑性的书面形式重新填入课题申报书中,那么课题的申报与研究就已经成功了一半。

课题设计与论证的要点如图 6-5 所示,研究者需要清醒地认识到:教研课题的设计与论证从来不是一蹴而就的,它不可能是在三五天之内限时完成的命题作文,不可能是一种灵光乍现的激情式写作,这是一个深入思考、多次迭代、逐步优化的过程,一个优秀的教育研究者每天都在思考和研究,是我们对前期积累的经验及成果的归纳、总结和提升,更是好奇心和探究欲在引领我们对未知领域的探索,当然这也是一项异常艰苦却又充满乐趣的思维的震荡与创新。

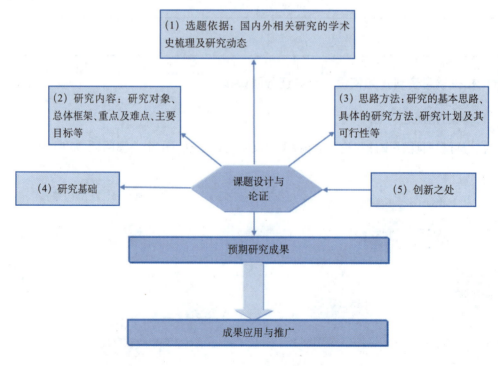

图 6-5 课题设计与论证的要点

项目6 培养课程研究能力：确定课程起点，持续做好研究

📝 学习记录。

✋ 练一练：

请根据之前确定的教学研究课题的选题，选取有代表性的专业教师、专业主任、职教专家、企业人士、在校学生、毕业后的学生，进行一次沟通（可以用电话或者网络），了解利益相关者对该课题研究的想法、意见或建议，然后根据沟通的成果，结合自身的体会，回答课题论证之"七问"。

📝 请把完成的练习内容写在下面横线上。

2. 撰写国内外研究述评

国内外研究述评的重点是"述"和"评",需要对国内外相关研究的学术史进行梳理,分析研究动态,在客观描述的基础上进行科学的点评,指出相关研究尚存在的缺陷或不足,把已有的研究成果作为此课题的研究起点,在此基础上分析此课题的研究方向与角度,确定自己研究的特色或突破点,从而引出此课题研究具有什么样的研究价值,包括理论价值和实践价值。国内外研究述评是建立在大量的文献阅读、分析、提炼、归纳的基础上,也是课题设计与论证中重要的环节,但很多研究者往往忽略了这个环节,仅仅阅读过几篇相关论文,就匆匆得出结论,指出此研究观点的缺陷,实则盲人摸象,管中窥豹。因此,大量的文献检索与分析(应在100篇以上)是做好国内外研究评述的关键,国内外研究评述既要分析历史研究经历,对研究课题和相关领域进行批判性回顾和综合性分析,又要对现状进行科学的评价,对未来研究方向进行合理的推测,可以引用国内外权威期刊的观点和成果,以最新的教育理论、教育理念为依据,切忌仅仅简单地使用"此前的相关研究在……非常片面……""我们认为……""该研究将会填补……空白"等没有依据或者过分夸张的描述。

学习记录。

项目6 培养课程研究能力：确定课程起点，持续做好研究

练一练：

请利用图书馆文献检索工具开展一项关于"1+X职业技能等级证书""岗课赛证"相关主题的文献检索与综述，回答以下问题。

（1）这个主题是从什么时间开始研究的？是否具有丰富的研究成果？
（2）这个主题已发表在核心期刊或重要媒体的研究者及其机构是哪些？
（3）这个主题是否已经形成较为一致的研究观点？如果有分歧，分歧点是什么？
（4）这个主题是否在持续研究，近五年的研究热度有没有发生变化？
（5）这个主题是否有继续研究的空间和价值？

 请把完成的练习内容写在下面横线上。

145

3. 构建研究目标与研究内容

（1）凝练研究目标。刚刚经历了课题论证之"七问"后，我们基本明确了为什么要做此项研究，研究此课题有什么实际意义，课题具有什么样的理论价值和实际应用价值，能解决什么问题。接下来我们就要把这些核心内容用规范条理的文字表述清楚。课题的研究通常是以成果为导向，通过研究要达到什么样的结果，也就是研究目标，它是贯穿课题构思、申报、研究、结题、推广应用整个过程。如果研究目标不明确，模棱两可，或是过于庞大，根本就不会通过立项，或即使偶然通过立项，也可能会无法结题。因此研究目标一定要清晰、明确，具有精准的指向性，需要研究者对拟探索的领域或拟解决的问题有深入和全面的思考和分析，明确了研究目标，后面的研究内容撰写才能思路清晰。在确定研究目标之前，需要分析本课题的研究背景，梳理和凝练出当前存在的问题和拟解决的核心问题，在此基础上确定选题意义和选题价值，包括理论价值和实践价值，分析清楚之后，也就能自然导出课题的研究目标。

研究目标要能够清晰地回答出经过研究后，本课题能够得出来用以解决问题的具体方法、路径、策略等成果。比如，通过研究新理论、新理念、新观点、新认识等，建构什么样的教学模式、教学策略，达到什么样的教学效果，来作为课题的研究目标。研究目标可以通过在教师职业成长、教材建设、教法改革、学生成长、育人环境、人才培养模式与运行机制等方面取得的不同形式的创新和突破来展现。

① 专业建设方面，要对专业人才培养模式、人才培养方案、专业运行机制进行研究。

② 科学的教育规律与教育理念的探索与实践，比如，教学方法、教学手段的研究。

③ 教师职业生涯发展与成长、结构化教学创新团队的建设。

④ 教材开发与建设，包括新型活页式、工作手册式教材。

⑤ 促教学生成长与发展的方式、方法。

⑥ 职教理论的创新与突破。

总之，研究目标是围绕教育教学的各个环节，落脚点也就放在教师、教材、教法、教育对象、教育环境等几个大的方面。

📋 **学习记录。**

项目6 培养课程研究能力：确定课程起点，持续做好研究

👉 **练一练：**

根据克雷斯威尔所做的针对定性研究目标陈述的"脚本"，凝练课题研究目标。

这则_____（指研究策略）研究的目的（将）是为了对位于_____（指研究地点）的_____（指参与者，如个人、团体、组织）的_____（指将被研究的主要现象）进行_____（理解、描述、形成、揭示）。在这一研究阶段，_____（指将要被研究的主要对象）将被暂时定义为_____（给出一个大体的定义）。

📋 请把完成的练习内容写在下面横线上。

（2）精心设计研究内容。研究内容是课题论证的主体部分，是研究目标能否落地的关键，研究内容首先要与项目名称吻合，不能偏题和跑题，要紧扣之前界定的核心概念，进一步细化研究目标，紧密围绕研究目标来设计研究内容，将研究目标所提出的用以解决问题的具体方法、路径、策略等成果，通过分层次、分类比、分重点对应为具体内容，需要列出完成研究目标所涉及的全部研究内容，形成研究内容的整体框架，从研究内容能提炼出三个关键信息：一是研究的内容是什么？二是预计怎么开展研究？三是拟取得的研究成果解决了什么问题？

在研究内容部分，还需要对课题做出研究假设。在有些课题申报中，研究假设也会表述为主要观点。研究假设是对研究对象的特征以及有关现象之间的相互关系所做的推测性判断或设想，它是对问题的尝试性解答，由于这种设想在课题研究之初还未获得充分的证据，因此研究假设需要在课题研究中加以证明，研究假设概括地说明了研究现象的特征及其相互关系，因此是对现象的一种理性认识。研究假设是研究者对研究内容做出假定性和推测性的说明，研究假设不是凭空臆想的，推测性说明需要依据科学的教育理论，前期调查的数据与实际情况，以往的研究成果或长期教学实践积累的经验，大量参考文献的归类、总结，针对拟开展的研究问题进行理性分析与适当推断，找到解决问题的有效方法，形成研究思路与研究计划。研究假设是对要研究的教育教学问题进行的合乎科学规律的一种推测性论断和假定性解释，是对课题中所提出的问题进行的初步尝试性推断。研究假设的设定应当是逻辑严谨，层次清晰，定位精准，通常以陈述、解释的方式来表达。课题的研究过程就是检验假设的过程，课题研究计划要围绕"假设"，并且对"假设"进行检验，研究成果的呈现要能够验证提出的假设。

【案例】

"高职院校实践类课程形成性考核方案设计及其对学生学习动因与学习效果的影响研究"课题，根据教学实践，可以提出三种假设。

（1）高职实践类课程的学习动因与学习效果成正相关。

（2）与采用常规期中、期末考试等终结性考核相比较，形成性考核的实践类课程提升了学生的学习动力，同时提升了学习效果。

（3）不同的考核方式对于学生的学习动力、学习效果没有明显影响。

这三种假设都是此课题所包含的需要研究的问题，课题提出研究假设，表达研究者的主要观点，在后续研究中，无论是证实还是证伪，都应该对假设进行检验，研究结果要能够验证假设的真伪。

课题研究探索的领域如果是偏中观与宏观研究，通常是较为宽泛的，也具有很多的不确定性。因此，为了完成课题的研究任务，就需要在前面核心概念界定的基础上，进一步厘清本项研究的边界，明确哪些内容需要研究，哪些内容不需要研究，并且把研究目标分解为具体的研究任务，因此需要精心设计。通常研究内容与研究目标应尽可能对应，研究目标如果分解为若干小目标，通常应简洁明了，一句话表述一个小目标，而研究内容则可以适当详细和全面地表述。研究内容是与研究目标对应的、具体的、明确的、可操作的、分解后的研究要点或者研究任务，研究要点可以既保持一定的独立性，各要点之间又有明确的逻辑关系，可以把研究要点分为重点和难点，按照先易后难的顺序设计研究内容，研究内容是研究目标的结构性和框架性的呈现。研究要点不宜太多，不能太过于庞杂，偏离研究目标，太多的要点可能无法体现层次的递进，也无法厘清相互之间的逻辑关系；研究要点也不宜太少，太少的要点无法对应研究目标，无法达到研究目标的要求，一般研究要点以控制在5～7点为宜，其中研究要点可以既是难点，又是重点。

研究内容不是研究意义和研究价值，也不可与研究目标混为一体。研究内容的设计应当与研究假设保持逻辑的一致，使研究目标、研究假设、研究内容、研究成果形成一个既相对独立，又有机统一、完整的结构框架。

【案例】

"深圳建设中国特色世界一流职业教育策略与路径研究"课题的研究内容表述如下。

(1) 世界一流职业教育内涵、特征、价值取向的研究。
(2) 世界一流职业教育主要指标的国际比较研究。
(3) 深圳职业教育建设的现状和问题研究。
(4) 深圳建设世界一流职业教育的主要目标、实现方式及其对策研究。
(5) 深圳建设中国特色世界一流专业人才培养模式、体系、运行机制研究

研究内容为：世界一流职业教育内涵、特征研究→指标研究→深圳职业教育现状研究→路径、对策研究→世界一流专业群建设研究（以某所高职院校为例）。研究内容表述具有一定的层次感，在各分项之间有较为清晰的逻辑关系。研究内容的设计能够紧紧围绕研究目标，细化研究目标。

4．选取适用的研究方法

研究方法是指在研究中发现新现象、新事物，或提出新理论、新观点，揭示事物内在规律的工具和手段。这是运用智慧进行科学思维的技巧，一般包括文献调查法、观察法、思辨法、行为研究法、历史研究法、概念分析法、比较研究法等。研究方法是人们在从事科学研究过程中不断总结、提炼出来的。由于人们认识问题的角度、研究对象的复杂性等因素，而且研究方法本身处于一个在不断地相互影响、相互结合、相互转化的动态发展过程中，所以对于研究方法的分类很难形成一个完全统一的认识。在教研课题中经常采用的研究方法如下。

(1) 文献研究法。文献研究法是围绕某个问题，搜集、鉴别、整理相关文献，并通过对文献的阅读与研究，形成对教育问题及其事实的科学认识的方法。

文献研究法被广泛用于各种学科研究中。其作用有：①能了解有关问题的历史和现状，帮助确定研究课题；②能形成关于研究对象的一般印象，有助于观察和访问；③能得到现实资料的比较资料；④有助于了解事物的全貌。

文献研究时，应紧密围绕课题研究目标搜索有用的文献资料，检索的文献应尽可能全面，不能只搜索有利于研究假设的文献，并且在时序上应该是连续性的，不能跳跃式检索。文献调查法可以超越时空的限制，增加了研究的便利性与时效性。

（2）教育观察法。教育观察法是指研究者有目的、有计划地通过感官和辅助工具，对处于自然状态下的教育现象进行系统观察，从而获得关于某一事物或者问题的第一手资料，并得出分析结果的一种研究方法。观察过程应根据观察目标和任务、观察对象的实际情况和自身条件灵活安排，并且减少观察活动对被观察者的影响，做好观察记录。观察法也有缺点，比如，观察结果具有主观性，受时空客观条件的限制，结果会有一定的偶然性，因此采用观察法应当尽可能减少上述的影响。

（3）行动研究法。行动研究法是指由教育工作者和教学管理者共同参与，从教育教学工作需要中寻找课题，在实际教育工作中进行研究，使研究成果为教育工作者理解、掌握和实施，从而解决教育实际问题的研究方法。

（4）实验研究法。实验研究法是指借鉴自然科学的实验方法，在教育实践中采取的"假设→求证"的方式，揭示教育的规律。

（5）个案研究法。个案研究法是认定研究对象中的某一特定对象，加以调查分析，弄清其特点及其形成过程的一种研究方法。个案研究有三种基本类型：①个人调查，即对组织中的某一个人进行调查研究；②团体调查，即对某个组织或团体进行调查研究；③问题调查，即对某个现象或问题进行调查研究。

（6）调查法。调查法是科学研究中最常用的方法之一。它是有目的、有计划、有系统地搜集有关研究对象现实状况或历史状况的材料的方法。调查方法是科学研究中常用的基本研究方法，它综合运用历史法、观察法等方法以及谈话、问卷、个案研究、测验等科学方式，对教育现象进行有计划、周密和系统的了解，并对调查搜集到的大量资料进行分析、综合、比较、归纳，从而为人们提供规律性的知识。

调查法中最常用的是问卷调查法，它是以书面提出问题的方式搜集资料的一种研究方法，即调查者将调查项目编制成问卷形式后，再分发或邮寄给有关人员填写答案，然后对问卷进行回收、整理、统计和研究。

（7）实证研究法。实证研究法是科学实践研究的一种特殊形式。其依据现有的科学理论和实践的需要，提出设计，利用科学仪器和设备，在自然条件下，通过有目的、有步骤地操纵，根据观察、记录、测定与此相伴随的现象的变化来确定条件与现象之间的因果关系的活动。主要目的在于说明各种自变量与某一个因变量的关系。

（8）定量分析与定性分析。

① 定量分析法。在科学研究中，通过定量分析法可以使人们对研究对象的认识进一步精确化，以便更加科学地揭示规律，把握本质，厘清关系，预测事物的发展趋势。

② 定性分析法。定性分析法就是对研究对象进行"质"的方面的分析。运用归纳和演绎、分析与综合以及抽象与概括等方法，对获得的各种材料进行思维加工，从而能去粗取精、去伪存真、由此及彼、由表及里，达到认识事物本质及揭示内在规律的目的。

项目6 培养课程研究能力：确定课程起点，持续做好研究

【案例】

研究方法在一项课题中不需要太多，通常列出5项以内就可以了，但切忌仅仅写研究方法的通用的原则，列出十几种无关的研究方法；要结合课题具体研究内容，较详细地描述本课题准备怎么采用什么样的研究方法，针对哪些对象，去做什么事情，此研究方法在哪些研究阶段和研究内容中使用。

下面结合实例进行说明。

（1）调查法。对深圳职业教育建设的现状和问题进行调查研究，在此基础上明确深圳建设世界一流职业教育的主要目标、实现方式及对策措施。问卷调查主要针对职业院校教师和学生进行，设计并发放职业院校教师和学生问卷，通过问卷调查获得较为翔实的资料，了解师生关于专业群人才培养方案的意见和建议。实地调查法是针对广东及深圳市产业集群、企业、行业协会、政府部门的实地调查，对职业院校有关人才培养工作进行全方位的研究，对专业群教学管理与实施环节进行深入的调查，同时结合深入访谈，比较真实地调查高职实践教学状况、培养方案适用性，形成系统、全面的认识，作为本研究的依据。

（2）比较法。对世界一流职业教育主要指标进行国际比较研究，分析普通高等教育和高等职业教育两种不同的教育类型在教学体系结构的差异、在世界一流企业内涵和评价指标方面的差异，国内和国外职业教育人才培养体系的差异，进而提出专业群人才培养协同创新体系构建的原则与方法，提出深圳建设世界一流职业教育的具体措施。

（3）统计分析法。通过观察、测验、调查、实验，把得到的大量数据材料进行统计分析，分析产业集群与专业集群耦合度，以求得对研究的产、学、研、用一体化协同式教学体系作出定量分析。

5. 梳理并厘清课题研究思路

课题研究思路动态地呈现本课题研究内容之间的先后顺序和逻辑关系，通俗地说就是描述研究团队准备怎么去做课题，也就是将课题研究的流程清晰地描述出来，比如，研究初期要做哪些工作，解决什么问题，预计完成到什么程度。研究中期的主要任务是什么，研究方法是什么，研究计划是什么，研究后期的主要工作是什么，通过什么方式提交研究成果，完成研究目标。研究思路中需要指出课题采用什么样的研究方法，选取哪个角度切入，通过对哪些材料的梳理、归纳、提炼、分析、论证，提出解决问题的方案。

研究思路的撰写需要注意两个要点。

一是按照时间上的先后顺序描述，即先研究什么，然后研究什么，最后研究什么。使用"时间"坐标，将静态的研究内容表述为动态的时序，表述清楚课题是怎样按照时间顺序开展研究的。

二是内在的逻辑关系，即为什么要先研究这个内容，后研究那个内容，先后研究的分项内容之间有什么内在的逻辑关系，是相互独立或是紧密关联？又或是承前启后？

在呈现方式上，研究思路也有两种表述形式：一是文字表述，二是图表表述。最佳的

方法是二者结合,先用文字表述,再用图表的形式作为辅助,并一目了然地呈现研究内容之间的先后顺序与逻辑关系。对于研究思路的撰写,如果研究思路比较复杂,建议通过文字加框图的形式展示,找到贯穿整个研究过程的主线,以主线引导各个部分的研究分项内容,在框图中将研究内容、重点和难点、研究方法和研究思路串起来整体呈现,一张清晰明确的思路图会让评审专家一目了然。

 学习记录。

项目6　培养课程研究能力：确定课程起点，持续做好研究

练一练：

按照以下参考文字"脚本"，梳理课题的研究思路。

本课题以_____为研究目标，首先对_____问题进行梳理、归纳，然后在_____方面找到切入点，依据_____理论，采用_____的研究方法，对_____进行深入系统分析，提出解决_____问题的方法、路径、策略，以期达到_____的效果，最终形成_____的研究结论，实现_____的目标。

请把完成的练习内容写在下面横线上。

练一练：

　　研究思路建议用示意图、框图、流程图、思维导图等形式直观展示，研究思路要清晰、明了、简洁。研究思路内在的逻辑关系一定要明晰，可以简要表述问题、研究背景、目标、方法、依据，说明如何设计研究框架，如现状、问题、成因分析、预期成果及应用反馈等。试着按照如图 6-6 所示的框图参考模板，描述课题的研究思路。

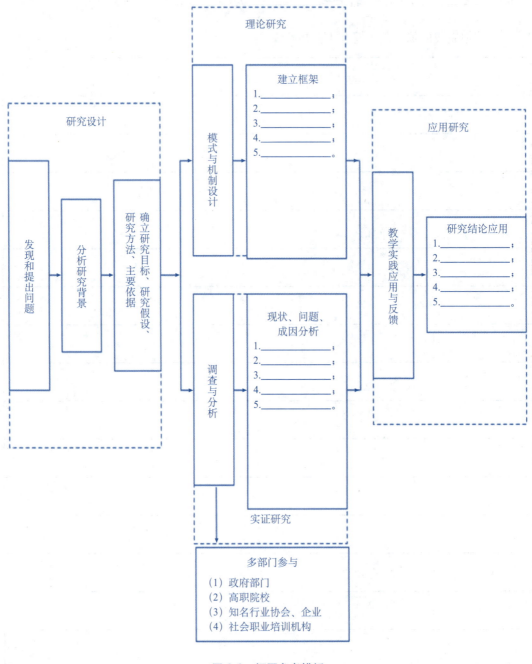

图 6-6　框图参考模板

项目6 培养课程研究能力：确定课程起点，持续做好研究

请把完成的练习内容写在下面横线上。

6. 展示扎实的研究基础

研究基础部分主要表示课题已经具备的条件，包括已经开展的研究现状、已取得的研究成果（论文、研究报告等）、课题组成员情况、研究条件保障、研究经费来源等，总之，要让评审专业通过研究基础部分了解该课题是否能够按预期完成研究，是否具有研究的可行性。

（1）已开展的相关研究现状。这部分可以体现与课题相关的教学研究活动、前期调研情况、文献归类与分析等初步研究情况。如果发表了相关论文、专著、教材，也要一并列出，但切忌罗列与课题无关的研究成果。

（2）课题组人员结构。介绍课题负责人与研究骨干人员的研究背景、研究经历、学术贡献、主持的相关研究课题、论文、专著，获得的教学成果奖励、同行的评价等信息，也要列出课题组成员的学历结构、年龄结构，各自研究专长，每个成员在课题研究的分工。有些类别的课题要求负责人如果是中级职称，需要两名高级职称的人员推荐，并填写推荐意见，这种情况最好找在相关研究领域的资深教授推荐，这样更有信服力。

（3）条件保障。条件保障主要包括课题组所在单位能否在硬件、软件、仪器设备、场地、时间等方面给予足够的支持，课题研究是否有经费保障，是否已经获得经费支持，是否需要新增经费申请，经费预算与总体安排如何，课题研究是否有足够的组织保障、制度保障等。

总之，研究基础部分不用过分夸大，尽可能实事求是地展示。有很多项目申请时，虽然研究基础的某个部分不是很好，比如，虽然没有发过相关论文，但其他环节设计得足够好，课题组成员也参与过教学研究课题，具备一定的研究能力，能够展示课题研究者有实力、有能力、有信心按照研究计划完成预期研究目标，评委也会酌情考虑通过课题立项。

7．呈现合理的研究成果

课题研究成果形式包括研究报告、论文集、研究专著、教学软件、教学案例、教学文档等。课题研究成果形式根据研究选题会有所不同，一般以研究报告、论文、专著为主要成果形式。一年以上研究周期的课题最好列出阶段性成果与最终成果。申报书中应注明预期成果的形式和数量，并标明可验收指标。

【案例】

某省级教育科学规划课题的研究结果呈现如图 6-7 所示。

论文（篇）	总数	3
	其中的核心期刊（CSSCI 和北大核心）	2
	其中的 SSCI、A&HCI、ISSHP 收录	1
专著（部）		1
研究报告（篇）		1（5 万字）
其他	（1）专业人才培养方案 1 套； （2）专业教学标准 1 套； （3）核心课程标准 1 套； （4）项目化课程教学资源 1 套。	

图 6-7　课题研究成果

 学习记录。

项目6 培养课程研究能力：确定课程起点，持续做好研究

练一练：

梳理教研课题申报流程、规范、要领、策略、撰写技巧与相关注意事项，从理论、认知、实践等三个层面总结教研课题申报与研究中常见的问题，结合自身情况写一篇关于教学研究问题及解决方案的小报告，同时完成一项教研课题申报书的撰写与论证，实战申报一项校级以上教研课题，并在专业内部进行分享讨论。

请把完成的练习内容写在下面横线上。

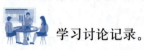 学习讨论记录。

针对任务进行讨论,寻找完成任务的方法、路径。

项目 6　培养课程研究能力：确定课程起点，持续做好研究

📋 学习记录。

请把完成的练习内容写在下面横线上。

项目 7　展示教学比赛能力：以赛促教，全面提升教学水平

学习目标

1. 了解近年来影响力较广泛的教师能力比赛。
2. 学会按照职业院校技能大赛教学能力比赛要求设计一门课程。
3. 学会按照广东省青年教师教学大赛的要求设计一门课程。

本项目概要：

本项目介绍职业教育领域的权威赛事广东省高校青年教师教学大赛和全国职业院校技能大赛教学能力比赛（包括广东省比赛）。结合教学能力大赛的流程和内容，从了解比赛、赛前准备、撰写文档、录制视频和现场比赛等方面对教师提供参赛指导。在了解了教学比赛的流程和方法的基础上，希望教师学会如何将比赛准备工作融入日常教学工作中，随时准备进入比赛状态，做到"招之即来、来之能战、战之必胜"。

本项目学习产出：

(1) 选取一个比赛，完成教学资料的准备和撰写工作。
(2) 完成一个 8～15 分钟教学视频的设计和拍摄工作。

任务 7-1　了解教师教学能力比赛

各类教学能力比赛是广大一线教师展现教学能力的舞台，从赛前准备、撰写各类教学文档、录制视频到现场比赛等环节，全方位地锻炼了教师的教学分析、设计、实施和反思诊改能力，对教师课程建设和教学能力提升起到了巨大的推动和引领作用。通过各种调查调研方式，查询全国和当地都有哪些教学能力方面的比赛，并详细了解赛事的具体情况，包括参赛条件、比赛流程、比赛要求和内容等。

学习讨论记录。

针对任务进行讨论,寻找完成任务的方法、路径。

 相关学习资料:教学能力比赛介绍

1. 广东省高校(高职)青年教师教学大赛简介

广东省高校(高职)青年教师教学大赛是由广东省教育厅和广东省总工会联合举办的权威教学赛事,每两年举办一次,到2020年已经举办了五届。大赛以"上好一门课"为立足点,以凸显职业教育类型特点为理念,注重考察青年教师教学基本功和实际应用能力。该大赛为青年教师教学能力的进步和成长提供了很好的实践平台(广东省第五届高校(本科)青年教师教学大赛通知文件网址:http://edu.gd.gov.cn/zxzx/tzgg/content/post_2986285.html),广东省高校青年教师大赛参赛流程包括初赛、省决赛和省总决赛,如图7-1所示。

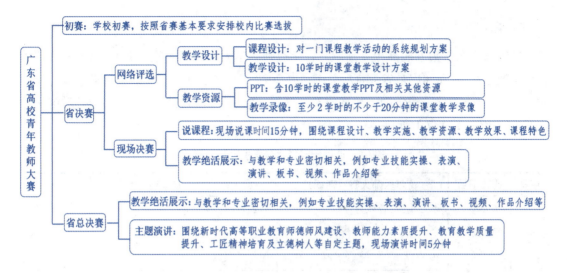

图 7-1 广东省高校青年教师大赛参赛流程和内容

2. 全国职业院校技能大赛教学能力比赛简介

全国职业院校技能大赛教学能力比赛是由教育部举办的权威教学赛事。大赛始于 2010 年，每年举办一次，到 2020 年已经连续举办了十一届。其间，大赛名称、赛项、组别、形式等方面经历了多次调整和变更。目前，该大赛作为全国职业技能大赛的一个组成部分，坚持"以赛促教、以赛促学，以赛促改、以赛促建"，是所有教师都可以参加的全国性职业院校教师教学能力比赛（全国职业院校技能大赛官网参见网址：http://www.nvic.com.cn/）。教师参加该大赛一般需首先通过学校教学能力比赛选拔、省教学能力比赛与遴选等环节才能正式进入全国职业院校技能大赛教学能力比赛。这里以广东省职业院校技能大赛教学能力比赛为例，给出了参赛流程和内容，如图 7-2 所示。

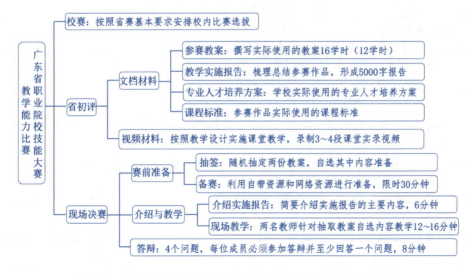

图 7-2 广东省职业院校技能大赛教学能力比赛参赛流程和内容

3. 参赛形式和要求

按照《广东省第五届高校（高职）青年教师教学大赛决赛实施方案》（以下简称"青教赛实施方案"）和《广东省教育厅关于举办 2020 年全省职业院校技能大赛教学能力比赛的通知》（以下简称"教学能力比赛省赛通知"），我们从参赛形式和要求等方面，对这两种比赛进行比较，如表 7-1 所示。

表 7-1　两种比赛形式与要求比较一览表

序号	比较项目	青年教师大赛（高职）	教学能力大赛
1	举办单位	省总工会、省教育厅	省教育厅
2	参赛形式	个人	团队（3～4 人）
3	参赛要求	40 岁以下 在职在岗专任教师，需在所在学校从事教学工作 1 年以上，已在全国教师管理信息系统录入信息	无年龄限制 职业院校在职教师，学校正式聘用的企业兼职教师可按要求参加专业课程组的比赛，除公共基础课程外，每个教学团队最多可吸收 1 名学校聘用的企业兼职教师作为团队成员参赛
4	专业要求	高职教育所有专业大类（含思想政治理论等公共基础课程）	公共基础课程和专业类别全覆盖
5	比赛分组	文科综合、理工综合 2 个竞赛组	高职公共基础课程组、高职专业课程一组、高职专业课程二组
6	学校名额	广东省一流高职院校建设计划立项建设单位每校最多推荐 15 人报名，广东省示范性高等职业院校建设单位每校最多推荐 12 人报名	根据上一年学校比赛成绩有所调整。2019 年有 14 个参赛作品，2020 年有 28 个参赛作品

学习记录。

项目 7　展示教学比赛能力：以赛促教，全面提升教学水平

练一练：

（1）请选取一个全国或当地的教学能力大赛，用表格或图示的方式全面梳理大赛的流程和内容。

（2）请梳理主讲课程的现有教学资源能否支持教学大赛。如果想参加大赛还需要做哪些准备工作？

请把完成的练习内容写在下面横线上。

任务 7-2　准备参加教师教学能力比赛

选定一个教学能力比赛，按照比赛要求，对日常教学工作进行梳理，分析专业人才培养方案和课程标准，选定合适的参赛课程，整理课程资料，并组建参赛团队。

 学习讨论记录。

针对任务进行讨论，寻找完成任务的方法、路径。

 相关学习资料：如何进行赛前准备工作

1. 日常教学积累

教学大赛是对教师教学能力的一次全面展示和检阅，主要考察教师的表达能力、教学设计能力、教学方法和技巧、课堂驾驭和管理能力等。只在赛前做突击应对很难取得满意的比赛结果，"水滴石穿，绳锯木断"，备赛应从日常教学中的点滴开始，既有利于精研深修教学内容及提升专业水准，又可充分备赛，在比赛中展现最好的教学风貌。

"上好一门课"是教师教学能力大赛考察的核心理念，课程建设是教师教学能力大赛的基础，制订并正确理解专业人才培养方案、课程标准等教学文件，厘清课程内容的逻辑关系，遵循教学过程和学生的认知规律，运用系统科学的方法，不断对教学过程进行优化设计，最终提炼出适合本课程的特色。

项目 7　展示教学比赛能力：以赛促教，全面提升教学水平

教育部于 2020 年 5 月 28 日发布的《高等学校课程思政建设指导纲要》中指出："落实立德树人根本任务，必须将价值塑造、知识传授和能力培养三者融为一体、不可割裂。""要紧紧抓住教师队伍'主力军'、课程建设'主战场'、课堂教学'主渠道'，让所有高校、所有教师、所有课程都承担好育人责任，守好一段渠，种好责任田，使各类课程与思政课程同向同行。"因此，教师在进行课程设计的过程中，还应高度重视课程思政的建设和实施。

信息化教学资源的设计和应用能力已成为"互联网+"时代对教师教学能力提出的新要求，所以应积极参加学校项目化课程、SPOC 和 MOOC、金课等课程建设项目，打造优质课程资源，并在教学中对翻转课堂、线上线下混合式教学等新型教学模式进行探索和实践。

2．确定参赛课程

教师确定参赛之后，对于参赛课程的选择显得尤为重要，参赛的课程最好具备如下特点：一是参赛教师已经进行了几轮授课，对于该门课程的整体框架和内容细节了然于胸，采用线上/线下混合式教学模式；二是该门课程进行了项目化教学改革，打破了教材原有的框架体系，选用的是新形态一体化教材、活页式或工作手册式教材；三是教师综合运用任务驱动、角色扮演等教学方法，以学生为中心；四是对接有关职业技能等级标准，是课证融通、赛教融合、校企合作开发课程。

3．组建参赛团队

职业院校技能大赛教学能力比赛是以 3～4 人教学团队形式参赛，因此，组建一支理念相同、特长互补、能打硬仗的参赛团队至关重要。

组建团队时，建议参赛团队人数为 4 人，共同承担繁重的参赛任务；考虑团队成员年龄分布合理，老教师教学经验丰富，教学设计见长，年轻教师可以快速吸收新技术、新信息，共同参赛有助于取长补短；考虑团队成员的行政职务，如专业主任等，他们在专业建设层面上更有工作经验，有利于专业人才培养方案等宏观教学文件的修订，在答辩环节也能发挥作用，同时行政职务也有利于在备赛过程中调动各种资源，更好地为比赛保驾护航；考虑学校聘用的企业兼职教师参与团队（公共基础课程组除外），重点突出校企合作、工学结合的课程设计理念。

学习记录。

练一练：

(1) 请认真阅读本专业人才培养方案，并从中梳理出与主讲课程相关的职业岗位、专业能力、教学内容、实训条件、实施保障等内容。

(2) 修订主讲课程的课程标准，并比较实际上课内容是否与课程标准完全一致。

(3) 梳理主讲课程的建设现状，并制订建设计划。

请把完成的练习内容写在下面横线上。

任务 7-3　完成教师教学能力比赛相关文档

对主讲课程的课程标准进行深入研讨和修订,重构教学内容并绘制思维导图,明确课程特色和优势;然后梳理本课程所有的教学设计方案,分析其不足之处,确定参赛内容并有针对性地进行补充和修改;实施具体教学过程之后,撰写整体教学实施报告,梳理创新之处,加强反思改进。

 学习讨论记录。

针对任务进行讨论,寻找完成任务的方法、路径。

 相关学习资料:如何撰写参赛文档

1. 教学设计方案

教师参加教学能力大赛时,都需要提交一些教学资料文档,比如,青年教师大赛要求提交课程设计、教学设计方案和对应的教学课件 PPT 等;职业院校教学能力比赛要求提交实际使用的专业人才培养方案、课程标准和教学设计方案,以及教学实施报告等。其中,教学实施报告是专门为大赛撰写的文档,其余均是日常教学中实际使用的教学文件,在提交时,最好按照比赛要求进行修订和完善。

教学设计方案是教师日常教学工作的必备资料，也是各类教学能力大赛都要提交的教学文档，全面反映了教师对一次课的分析、设计、组织实施和反思诊改能力。格式可以根据需要自行设计，一般采用表格或者表格文字混合形式，注意一定要图文并茂，做到"有图有真相"。教学设计方案主要内容如图 7-3 所示。

图 7-3　教学设计方案主要内容

（1）学情分析和内容分析。学情分析和内容分析是整个教学设计的起点。学情分析一定要针对性强，又有数据支撑。首先要针对参赛班级的具体情况进行分析，而不是泛泛描述在校学生共有的特点，同时要准确采集、分析学生的整体与个体情况数据，最好有数据支撑分析结果，如课前学习数据、课前测验成绩分析、饼图、柱状图等展示小测验正确率、课前讨论或论坛上学生有哪些反映等。内容分析应突出项目化课程建设思路，明确本单元内容在课程中所起的作用和特点。

（2）教学目标和重、难点。教学目标源于学情分析和内容分析，一般分为知识、技能和素质三维目标，要求表述明确、可评可测，并能够在教学实施的多元过程性评价中逐一评价其是否达成。表 7-2 给出了三维教学目标常用描述方法。

表 7-2　三维教学目标常用描述方法

三维目标	内　　容	常用描述方法
知识目标	学科基本知识	能认知、陈述、说出、掌握、理解等
能力目标	运用知识解决问题的能力	能使用、拆装等
素质目标	求实的科学态度、人文价值、劳动精神和工匠精神	通过……培养学生……

教学重、难点，以及教学内容、教学目标与学情分析有关，最好在重、难点之后给出相应的解决方法，各种信息化教学手段的运用是解决教学重、难点的关键。

（3）教学策略和过程实施。教学策略是为实现教学目标和适应学生认知需要而制订的教学程序计划和采取的教学实施措施，一般包括支撑教学设计的理论和观念、教学手段和教学方法、信息化教学资源等内容。

过程实施环节是教案的主体内容，用于详细描述本单元全部教学活动设计和主要内容。一般包括教学过程设计和教学实施两部分，教学过程设计是指将教学过程设计思路用图示的方法呈现，一般包括课前、课中和课后的具体环节及时间安排，方便评委了解教学实施过程的整体设计。

项目 7　展示教学比赛能力：以赛促教，全面提升教学水平

教学实施部分一般包括课前、课中和课后三个环节，课前要注意的是学生学习任务要适中，适时提供课前学习支架，并对学生的学习结果及时评价，根据评价结果及时调整后续的教学策略，实现以学定教。课中的每个教学环节一定要注重实效性，采用各种信息化手段等突破教学重、难点，并及时采集学生学习数据，针对教学目标进行多元过程性评价，多元评价包括评价主体多元化（教师、学生、自评、企业等）、评价内容多元化（三维教学目标）、评价方法多元化（主观、客观、作业、调查、行为记录、报告、测验、态度等）等。课后一般包括巩固拓展、教学效果等内容。巩固拓展是指教师精心设计学生课后活动，借助教学平台对本单元学习内容进行拓展提高；教学效果是指完成本单元教学活动，达成教学目标后，学生有什么收获和发展，如学生学习兴趣、学习效果、职业技能提升等，最好用数据支撑。

同时，在教学过程中，要注意融入思想政治教育，包括家国情怀、社会主义核心价值观、相关新闻实事、工匠精神、劳动精神、优秀文化传统、科学观、个人品德等，将内容与思政有机结合起来，将知识传授过程与价值引领过程相统一。如果专门划分区域融入思政元素显得较为刻板生硬，表达方式有限，无法做到不留痕迹，这就自然会影响到学生对专业知识的理解和思政内容的接受；若把思政内容集中放在课程最后，又显得过于突兀。思想政治教育内容难以在每一节专业课中都得到全面体现，教师可依托操作技术节段为契合点，进行思政融入的教学设计，改进教学方式，实现"润物细无声"的课程思政融入。课程内容一定要层次清晰，环环相扣，以课程本身的专业理论知识和技能操作为载体，发掘本课程所蕴含的思政元素，建设课程思政教学资源库或者案例库。

（4）教学评价和诊断改进。教学评价是依据教学目标对教学过程及结果进行判断并为教学决策服务的活动，是教案的重要组成部分。教学评价的主体一般是教师、学生、企业等，注重学生自我评价、同伴评价、教师评价、企业评价等综合评价。评价形式包括线上线下相结合，诊断性评价、过程性评价、终结性评价等，从知识、技能、素质等层面对学习成果进行多元评价，促进学生全面发展。

反思诊改是教案的必要组成部分，是对本单元教学实践的再认识和再思考，总结经验教训，进一步调整教学策略，提高教育教学水平。比如，教学设计是否科学，在教学实施中，教学组织形式、信息化手段、教学资源是否支撑了教学，教学效果是否有提升，教学评价是否及时，教学策略是否及时调整，技术应用是否完善，数据采集是否全面，教学手段是否创新等。

另外，总结归纳出本单元教学方案设计中的亮点，是参赛教案中的重要组成部分。可以从教学理念、教学策略、教学资源、教学内容、过程实施、评价手段、"1+X"等方面梳理出自身特色亮点，比如，校企合作、工学结合的教学理念运用，思政进课堂、工匠精神、劳动精神培养、教学案例或项目的创新等，一般不宜过多，两三点即可。表 7-3 给出了几个获奖作品的反思诊改实例。

表 7-3 特色创新和反思诊改实例

获奖作品	特色创新标题	反思诊改
助力复工复产——云主机的创建	(1) 思政引领课堂教学。 (2) 实施职业技能大赛课赛融合	本次课教学达成了……目标。根据课后形成的学生大数据发现,部分学生……不够熟练,在课后有针对性地推出……以供学生练习
物理治疗技术	(1) 动作捕捉技术应用。 (2) 差异化教学。 (3) 双教师安排	……需要进一步开发配套 VR 相关设备。 ……加强和临床教师对课程的深入探讨,将课程彻底融入临床
筑梦思路:德语技能实践	(1) "虚拟仿真库"激发创新意识。 (2) "思政元素"贯穿课堂教学	(1) 问题:①表达流利性有待提升;②学习持续力有待加强。 (2) 改进:①夯实语言基础,提高表达能力;②设置多元任务,增强课堂趣味性

另外,建议多学习往年的教学能力比赛的优秀作品,可以从优秀案例中分析其设计理念、教学实施过程、创新特色、信息化技术的应用等大赛考查要素。

2. 教学实施报告

教学实施报告是职业院校教师教学能力大赛中特别指定的教学文档。一般来讲,评委在审阅一个参赛作品时,可能会首先阅读课程实施报告,从整体上了解参赛作品,因此如何撰写课程实施报告是参赛团队必须掌握的技能。教学实施报告一般包括整体教学设计、教学实施过程、学习效果、反思改进等。

(1) 整体教学设计。整体教学设计一般包括教学内容分析、学情分析、教学目标,以及重、难点和教学策略等,表 7-4 给出了该部分的具体撰写方法。

表 7-4 整体教学设计主要内容的撰写方法

序号	标题	建议撰写方法
1	教学内容	(1) 突出项目化课程设计思路及完整课程内容设计。 (2) 设计思路体现标准的指导作用,如:国家标准→行业标准→专业人才培养方案→课程标准→项目或任务设计。 (3) 体现教材对课程内容的支撑作用。 (4) 体现"1+X"证书、工匠精神或劳动精神。 (5) 突出标注参赛内容,最好是完整的项目或章节
2	学情分析	(1) 分析应全面,包括知识基础、能力水平、认知特点(学习偏好、职业素养、知识技能基础)等。 (2) 要有数据支撑,如前序课程学习情况、考证情况;课程前序内容学生学习评价、成绩分析、网络学习情况、词云图等

续表

序号	标　题	建议撰写方法
3	目标分析	(1) 这里给出的应是参赛 16 学时或 12 学时的整体教学目标。 (2) 知识、能力和素质三维教学目标。 (3) 描述应清楚明确,科学合理,可评可测
4	教学重、难点	(1) 难点和重点可以相同,也可以不同。 (2) 与教学过程相呼应,是采用各种教学方法、信息化手段重点突破的知识点或技能点
5	教学策略	(1) 以学生为中心的教学策略。 (2) 可以从以下几个方面总结梳理。 　　教学理念：校企合作等； 　　教学模式：问题导向、结果导向等； 　　教学环境：虚实结合等； 　　教学实施：教学环节,重、难点解决,评价方法特点； 　　教学团队：双师、团队结构； 　　教学方法：突出、有效,特点鲜明

（2）教学实施过程。教学实施过程是报告的主体部分,重点描述参赛教案中教学过程的共性和亮点,需要进行归纳提炼,不要把每份教案中的实施过程罗列一遍。

（3）学习效果。学习效果可以从学生职业能力提升（"1+X"证书、职业技能证书等认证通过率等）、学生职业素质提升、学生社会服务（活动、图片、数据等）、学生获奖等多方面归纳总结。

（4）反思改进。反思改进一般包括特色创新和不足改进两部分。特色创新是指本参赛作品所特有的,不是所有作品都具备的特点,从参赛作品的各个方面提炼出来,并有一定程度的归纳提升,比如,获奖作品"物理治疗技术"的特色创新总结为"一心（一心一意为学生）、两面（医院、学校同前行）、强强联合（中外合作办学）"。

不足改进一般是参赛作品中需要继续建设和补充的内容,描述要具体,改进措施应恰当,比如,线上教学缺陷,教学资源补充,使用是否方便,资源平台的不足,"1+X"与职业证书的开发推进等,如获奖作品"助力复工复产——云主机的创建"的不足之处包括线上教学环节分配不够优化和线上教学质量良莠不齐,并有针对性地给出了改进措施。

学习记录。

练一练：

（1）请选取自己本学期主讲课程参加教学能力大赛，将本专业实际使用的专业人才培养方案按照参赛要求进行修订。

（2）请选取自己本学期主讲课程参加教学能力大赛，将本课程实际使用的课程标准按照参赛的特殊性进行修订。

（3）请在本学期主讲课程中选取一个2学时的教学单元按照参赛的要求修订教学设计方案。

（4）请选取自己主讲的一门课程，根据参赛要求，撰写一份教学实施报告。

请把完成的练习内容写在下面横线上。

项目 7　展示教学比赛能力：以赛促教，全面提升教学水平

| |
| |
| |
| |
| |
| |

 任务 7-4　现场展示教师教学能力

　　梳理参赛课程中的教学内容，选取一个教学项目，首先进行脚本设计，准备教学素材和资料等，如教学 PPT，做好充分的准备工作，完成参赛视频录制任务。随后，选取主讲课程中一个能体现课程特色的教学单元，认真准备现场教学展示；选取主讲课程的一个 2 学时的教学单元，认真准备教学设计说课；做好答辩准备。邀请 3 位左右教学经验丰富的教师或教学名师对现场教学、说课和答辩提出宝贵意见和建议。

 学习讨论记录。

| 针对任务进行讨论，寻找完成任务的方法、路径。 |
| |
| |
| |
| |
| |
| |
| |

 相关学习资料：如何全面展示教学能力

教师的教学能力包括教学设计能力、教学实施能力、教学评价能力、教学反思能力、教学研究能力和教学创新能力等。如何打造出一堂师生互动、生生互动的活力课堂，如何全面展现自身扎实的教学功底，如何进行深刻有效的教学反思呢？在此我们分享深职大的两手抓分步走策略。

1. 录制参赛视频

第一，深入挖掘课程思政元素，将其有机融入课程教学，在教学内容的选取和教学策略的选择等方面"润物细无声"地予以呈现。比如深职大曹洁教师的参赛作品中通过对比中德文化，弘扬中华优秀传统文化；疫情中鼓励学生参与语言志愿服务，对学生进行劳动教育；引导学生树立服务"一带一路"建设的崇高职业理想；结合授课内容解析工匠精神内涵，培养学生形成注重精益求精、追求卓越的人生态度等。

第二，要突破教学重、难点。教师需在 8～15 分钟内解决教学重点或难点，而不是漫无目的地授课。比如，曹洁老师主讲的"走进柏林"片段，通过故事导入、作品分析、单词竞猜、语音提升和课堂小结等教学活动，让学生通过分享作品，发现自己在单词运用中存在的问题，再通过"你说我猜"的游戏互动强化重点易错词汇，随后通过"德语助手"App 的语音智能评分功能提升词汇发音准确度，从而化解学生"背单词难，读词汇错"的痛点，如图 7-4 所示。

第三，合理运用信息化技术手段解决教学重、难点，而不是用的 App 或平台越多越好。有的教师为了比较各个平台的优劣，在实际授课过程中可能既用"学习通"，也用"雨课堂"，但是在参赛时最好只使用一个平台。同样在录制视频时，也不宜不断切换各类 App，用得恰到好处才能为视频锦上添花。比如，学生在发音时往往不知道自己哪个音节不准确，曹洁教师让学生使用"德语助手"App 比对自己与标准发音的差距，通过这一人工智能手段解决了教学难点，如图 7-5 所示。

项目7　展示教学比赛能力：以赛促教，全面提升教学水平

图 7-4　"走进柏林"片段

图 7-5　人工智能应用——"德语助手"App

第四，设计课堂教学活动。一段优秀的参赛视频不是参赛教师一个人的"独角戏"，学生才是课堂真正的"主角"。教师应精心设计学生活动，比如，学生在何时发言、如何发言，小组讨论时每个学生的台词，学生集体活动时的面部表情及肢体语言等。教师除了给学生撰写脚本外，还应和学生一起进行彩排，多加演练。拍摄时，教学团队成员均应在场，分别担任导演、副导演和场记的角色。学生人数应与日常教学授课人数相一致，学生服装应统一，从而全面展现学生蓬勃向上的精神风貌。

另外还要注意的是，参赛教学视频内容不是凭空杜撰出来的，而应对接相关参赛文档，视频中的教学环节应当选自参赛教学设计方案的某一课时中连续的 8～15 分钟，教师在视频中展现的教学理念、教学模式、教学手段、教学方法等均需与教学设计方案、实施报告、人才培养方案和课程标准等相互呼应。

2. 准备现场展示

现场比赛一般包括说课、讲课、答辩等环节，青年教师大赛中还有教学绝活展示等。说课的 PPT 以"能动不静"为原则，即能用视频呈现就不用图片，能用图片则不用文字，PPT 上方和左边分别应设置导航条，便于评委了解讲解的脉络，也可以将 PPT 制作成视频的形式进行讲解。说课教师应熟"背"说课稿，说课时不能一直"偷看"屏幕，而应和评委多一些眼神交流，辅之以生动的面部表情和肢体语言。

讲课时，精心设计教学内容，深入浅出，达到让所有听课者都能听懂学会的教学目标。同时，需设计丰富的课堂互动活动，不要由教师"假扮"学生，力争达到无"生"胜有"生"的境界。"抑扬顿挫、和谐悦耳"的表达形式更容易"引人入胜、余音绕梁"。优秀的教学语言应该实现三个层次的递进：一是清晰，即教师的每一句话都能准确入耳；二是得当，即用词准确，用语恰当，情绪收放自如；三是艺术，表述精辟、生动、幽默、有哲理，使学生终生不忘，这也是教学语言的高层次要求。

答辩时，应做到条理清晰，有理有据，主要围绕自己的教学设计理念和教学内容展开。答辩佐证可以用静态网页形式分门别类加以呈现，检索方便，形式美观。教学团队应根据事先分工，在最短的时间内分配好题目，并安排好答题顺序和播放佐证。

教学绝活必须与教学和专业密切相关，如专业技能实操、表演、演讲、板书、视频、作品介绍等，充分体现职业教育特征。教学绝活展示核心在于"教学"，而非"绝活"，即如何发挥个人专业特长突破教学重难点。比如，采用编顺口溜、打油诗、生活故事等方式，记忆教学重难点，总结实践教学动作要领，教师的技术特长展示等。

图 7-6 所示为广东省五一劳动奖章获得者、深职大的白洁教师在广东省青年教师教学大赛中展示的教学绝活"走近中医——初学者教、练、考一体化模型的设计"。

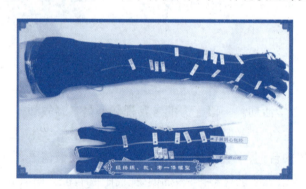

图 7-6　教学绝活：走进中医——经络模型的设计与制作

教师在硅胶人体模型上使用黑色弹性套、彩色橡皮带、图钉、标签等元素标识经络穴位，使得抽象的经络知识具象呈现，帮助学生构建"立体化"经络概念；学生也可使用毫针在穴位上进行刺入练习；教师移除标识元素后可利用模型进行定位和刺入考核。参赛教师通过过硬的专业基本功，开发出了练、教、考一体化模型，易化了中医晦涩的哲学理论，突破了教学的重、难点。

项目 7　展示教学比赛能力：以赛促教，全面提升教学水平

📋 学习记录。

✍ 练一练：

（1）请在全国职业院校技能大赛教学能力比赛官网（http://www.nvic.edu.cn/）浏览最新的国赛一等奖视频，和团队成员交流观看感受。

（2）请校内教学名师或往届国赛获奖选手观看自己拍摄好的视频并提供完善建议。

（3）请模拟一场现场决赛。

（4）假设决赛现场计算机突然出现故障，你打算怎么办？

📋 请把完成的练习内容写在下面横线上。

学习讨论记录。

针对任务进行讨论,寻找完成任务的方法、路径。

学习记录。

项目 7　展示教学比赛能力：以赛促教，全面提升教学水平

请把完成的练习内容写在下面横线上。

请把完成的练习内容写在下面横线上。

参 考 文 献

[1] 汪治. 高职院校学分制制度体系的系统研究 [M]. 北京：世界图书出版公司, 2015.

[2] 周明星. 中国职业教育学科发展 30 年 [M]. 上海：华东师范大学出版社, 2009.

[3] 卢洁莹. 生存论视角的职业教育价值观研究 [D]. 武汉：华中师范大学, 2008.

[4] 汪治, 刘红燕. 职业教育类型的时代特性与特征探究及其启示 [J]. 职教论坛, 2021(4).

[5] 汪治. 对职业院校专业群制度建设的思考与建议 [J]. 江苏教育, 2021(11).

[6] 黄忠廉. 人文社科项目申报 300 问 [M]. 北京：科学出版社, 2017.

[7] 汪治. 以学生为本不只是口号 [J]. 江苏教育, 2019(3).

[8] 汪治. 基于学生发展理念的职业教育课堂教学设计要点 [J]. 江苏教育, 2019(4).

[9] 刘红燕. 构建有效的学习型课堂 [J]. 中国职业技术教育, 2019(3).

[10] 刘红燕, 汪治. 对高职院校专业调整与运行的思考 [J]. 当代教育实践与教学研究, 2019(11).

[11] 杨金土. 以人为本的职业教育价值观 [J]. 教育发展研究, 2006(1).

[12] 周志刚, 米靖. 当代职业教育价值观的取向 [J]. 宁波城市职业技术学院学报, 2010(1).

[13] 埃蒂娜温格. 实践共同体：学习、意义和身份 [M]. 李茂荣, 等译. 南昌：江西人民出版社, 2018.

[14] 操太圣, 卢乃桂. 伙伴协作与教师赋权——教师专业发展新视角 [M]. 北京：教育科学出版社, 2007.

[15] 陈琦, 刘儒德. 当代教育心理学 [M]. 北京：北京师范大学出版社, 2007.

[16] 姜大源. 职业教育学研究新论 [M]. 北京：教育科学出版社, 2007.

[17] 雅斯贝尔斯. 什么是教育 [M]. 邹进, 译. 北京：生活·读书·新知三联书店, 1991.

[18] 王义智, 等. 中外职业技术教育 [M]. 天津：天津大学出版社, 2011.

[19] 徐国庆. 职业教育课程、教学与教师 [M]. 上海：上海教育出版社, 2016.

[20] 叶澜, 白益民. 教师角色与教师发展新探 [M]. 北京：教育科学出版社, 2001.

[21] 高鸿. 新时代推进职业教育教师队伍建设的思路与路径 [J]. 中国职业技术教育, 2017(34).

[22] 郭静. "双师型"教师政策分析：文本、执行与展望 [J]. 职业教育论坛, 2018(2).

[23] 郝天聪, 石伟平. 产业结构转型与职业教育办学模式改革——基于对美国、德国、日本、中国的比较分析 [J]. 现代教育管理, 2020(8).

[24] 李素君, 周丽楠, 魏丽丽. 校企协同视角下卓越职业教育师资培养模式探究 [J]. 中国成人教育, 2020(2).

[25] 唐盛昌. 人才培养模式创新：从思考到行动 [J]. 人民教育, 2011(11).

[26] 王志蔚, 等. 高职青年教师的成长规律及其培养策略 [J]. 当代教育论坛, 2005(19).

[27] 吴遵民, 杨婷. 新时代职业院校如何建构"双师型"教师队伍 [J]. 职业教育论坛, 2019(8).

[28] 夏艳靖. 斧工蕴道："工匠精神"的历史根源与文化基因 [J]. 深圳大学学报, 2020(37).

[29] 于泽元, 王开升. 立德树人：师德的养成之道 [J]. 教育研究, 2021(42).

[30] 钟秉林. 深入开展产学研合作教育培养具有创新精神和实践能力的高素质人才 [J]. 中国高等教育, 2000(21).

[31] 陈福珍. "互联网+"背景下职业学校教师教学能力内涵及提升策略[J]. 教育导刊，2020(6).

[32] 龙宝新,李贵安. 论一流高校教师教育教学能力标准构建的依据与思路[J]. 武汉科技大学学报（社会科学版），2020(6).

[33] 余景波,代菁. 高职院校课堂教学的特征和作用分析[J]. 科技视界，2014(15).

[34] 闻玉辉. 高职院校有效课堂教学的基本特征探析[J]. 活力，2019(18).

[35] 任远坤. 探讨翻转课堂在高校教育学中的应用[J]. 科学咨询，2020(10).

[36] 郭艳燕. 计算机类专业课程思政实施路径探索与实践[J]. 计算机教育，2021(1).

[37] 庄西真. 如何做职业教育研究[M]. 苏州：苏州大学出版社，2013.

[38] 卜文彬. 教学反思——提高教师自身素质的有效途径[J]. 教育革新，2019(12).

[39] 吴杨. 社科类学术论文写作指南[M]. 北京：人民出版社，2021.

[40] 张聪. 教育部人文社科基金项目申请指南[M]. 北京：知识产权出版社，2020.

[41] 邓泽民,崔俊明. 职业教育论文撰写[M]. 北京：中国铁道出版社，2020.